做最好的自己

黄鸿明 / 著

世界图书出版公司
WORLD PUBLISHING CORPORATION

图书在版编目（CIP）数据

做最好的自己 / 黄鸿明著 . -- 北京：世界图书出版公司，2019.6

ISBN 978-7-5192-6330-0

Ⅰ. ①做… Ⅱ. ①黄… Ⅲ. ①中学教育－文集 Ⅳ. ① G63-53

中国版本图书馆 CIP 数据核字（2019）第 105433 号

书　　名	做最好的自己
（汉语拼音）	ZUO ZUIHAO DE ZIJI
著　　者	黄鸿明
总 策 划	吴　迪
责任编辑	齐　雪　刘彦妮
装帧设计	刘　岩
出版发行	世界图书出版公司长春有限公司
地　　址	吉林省长春市春城大街 789 号
邮　　编	130062
电　　话	0431-86805551（发行）　0431-86805562（编辑）
网　　址	http：//www.wpcdb.com.cn
邮　　箱	DBSJ@163.com
经　　销	各地新华书店
印　　刷	北京虎彩文化传播有限公司
开　　本	787 mm × 1092 mm　1/16
印　　张	13
字　　数	234 千字
印　　数	1—3000
版　　次	2022 年 6 月第 1 版　　2022 年 6 月第 1 次印刷
国际书号	ISBN 978-7-5192-6330-0
定　　价	45.00 元

目 录

上篇 学校管理篇

中篇　教学探究篇

下篇 思考感悟篇

上　篇

学校管理篇

第一章 追求自我成长的教育人生

让学校成为人们向往的地方

我们知道，学校是教育者有计划、有组织地对受教育者进行系统教育活动的组织机构，是为学子的成长和未来事业奠定良好品德及文化科学知识的第一基础阵地。作为学校的设计者、引导者、管理者的一校之长，积极制定学校的发展规划，努力构建学校的发展愿景，明确提出学校的发展口号，全力创设学校的发展环境，就是实现自身办学理念最大化的具体体现。当然，校长的素质和创造性劳动，决定着学校的发展和风貌。

学校的构成主体是教师和学生，同时，学校又不能独立于社会而存在。因此，学校办得好与坏，是否被认同与向往，除校长的愿景以外，更应落实在教师的工作态度、学生的学习兴趣、社会的认知程度等方面。当一所学校的工作环境舒心、学习氛围愉悦、办学成绩优良时，它就很有可能成为一个人人向往的地方。

一、工作环境舒心，教师向往

这里所说的“工作环境”，既包括自然环境，也包括办公设施、教学设备、休息场所，甚至还可以包括社会环境。

我们知道，好的环境让人身心愉悦。试想，随处可以嗅到花的芬芳，听到竹的声响，看到水的流淌，这花园式的校园，谁不喜欢？先进的教学设备，干净的办公场所，让教师在工作时，能够化繁为简，轻松惬意，谁不开心？随着时代的进步、物质的极大丰富，许多学校在这些方面早已不存在困难。如此说来，这样的工作条件和工作环境其实不再是“乌鹊南飞”的关键因素。因此，作为校长，要让自己的学校令教师向往，除了这些硬性的自然环境和工作条件外，更应该有着暖心的人性化管理。比如，给家离学校较远的教师安排午休的地方；在学校里辟一处教师交流室，让教师在繁重的工作之余，喝杯茶，聊聊天；当教师家里有较大的事情发生时，学校会主动了解并帮助解决；组织教师运动会；对教师开放学校体育馆，开展校外徒步活动等。我们知道，体谅是最暖人心的一种品质，活动是最聚人心的一个良方。当一位教师在学校里，工作上得心顺手，生活上如意开心，试想，这样的地方谁不向往？现在的人们常常提到一个流行的词语叫“幸福指数”，如果“教师”只是一个职业，或许不会幸福，因为任何一件事干久了都可能让人生厌；但如果将职业转变成喜好，即便时间弥长，幸福指数亦会爆棚。

二、学习氛围愉悦，学生向往

杜甫曾说：“富贵必从勤苦得，男儿须读五车书。”也就是说，学习是必经勤苦的。有一项调查显示，现在社会上中产阶层家庭中的小孩，对学习的热爱度偏低，而这部分学生是学校的主要构成。因此，应将转化这部分学生的思想认识，提升到重要的工作层面上来。作为学校，在强调校纪校规及勤奋刻苦的同时，更应思考学习的有效性和可行性。一些学校将“苦教”“苦学”作为立校之根本，试问，在现在的学生面前，可行性和有效性到底有多少呢？我们不妨换个思路，正如一位班主任的带班理念“宽严相济，学娱并行”一样，让学生在学习生活中既有紧张与压力，又有轻松与快乐。学生在学习之时认真学习，在休息之时尽情休息，并且在休息之时，还可以将情感或精力投放到自己喜欢的事情上，如此宽严结合，很大限度上符合现在学生的求学心理，因为“顺着来”肯定比“逆着行”效果要好。印度哲学家克里希那穆提说：“正确的教育所关心的是个人的自由，唯有个人的自由，才能带来与整体、人群的真正合作。”“强迫的灌输永远无法唤醒智慧。”正因如此，作为校长，就应该在办学理念上进行革新，反对学生仅是知识的容器的错误理念，积极提倡学生做思想的能动者。与之相配合，学生在校休息时，可以鼓励学生多参加活动，如参加社团、组织体育活动、听取主题报告、与他校联谊等。当学生感受到学有所乐时，试问这种化学反应谁又能轻易地阻止呢？更何况，在学生对学校的举措认同的同时，更会深深地喜欢上这所学校。

三、办学成绩优良，社会向往

任何一所学校的建设都离不开社会的关注；同时，社会的关注，也是促进学校向前迈进、向上提升的强劲推力。我们都知道，口碑的传播效应惊人，“三人成虎”“积毁销骨”等词语就是这方面的反面证据。因此，作为学校，只要师生同心，做出成绩，便很有可能得到极大的社会效应。当然，这个成绩，绝不仅仅指文化，各个层面的优秀都是成绩的有效体现。我们经常会提到“正能量”这个词，其实在学校的办学成绩上，不管是体育还是艺术方面，只要让人们看得到前景，就是令其向往的。毕竟，“三百六十行，行行出状元”。而身为校长，在其办学规划和愿景中，就应像蔡元培先生提出的“思想自由，兼容并包”主张一样，让学生在择业的选择上“百花齐放”。当社会对学校的办学成绩感到满意时，也就意味着学校成为社会向往的地方。

有结论说，具有什么特点的领导，就有什么特点和特色的学校。既然如此，作为一校之长，只要“心向往之”，则“行必能至”。

读懂学校，向教育家前进

校长怎样才能成为教育家？校长成为教育家需要怎样的专业素养？这里仅就校长的决策力、文化聚合力、关怀力三项专业化修炼，提出思考和建议。

一、决策力修炼：做好校长的必修课

在一次校长培训活动中，主持人采用抛锚式作业，组织校长们围绕“学校决策”这一论题展开了讨论。绝大多数校长认为，学校作为一个社会组织，无论是在过去的计划经济年代，还是在现在的市场经济社会，不管是在社会主义国家，还是在资本主义国家，其经营管理都需要有效决策，但决策的形式因受社会体制和文化背景等因素的影响，表现得各有差别。也有的校长认为，在我国特定的历史阶段下，以“依法办学、自主管理、民主监督、社会参与”为特征的现代学校制度尚未建立，与新课程相配套的管理机制还不健全，学校决策因此受限。但学员们一致的观点是：决策者的境界、胆略、学识、视野，往往是一所学校兴衰转折的关键因素。从这个意义上说，一位好校长就是一所好学校。在这个研讨活动中，涉及一个关键词：决策力。

关于决策力，通俗地来理解，就是决策的能力，对某件事情做出决断的能力，这是狭义的认识；从广义上来理解，决策力范畴至少应包括核心价值观、以人为本的理念、民主意识、思维境界和反应灵敏度、视域范围、专业素养、学识水平、对信息的准确抉择和把握核心信息的能力、判断力、探险精神、应对风险的能力、执行力、决策效力评估等因素。

唯一在管理学领域获得诺贝尔奖的赫伯特·亚历山大·西蒙认为：管理就

是决策。从本质上讲，决策是人们在改造世界的过程中，寻求并实现某种最优化预定目标的活动。

信息时代的到来，创新发展的要求，使决策成为制约组织发展的战略性要素。中宣部调研员贾春峰在《中外科技信息》发表文章，在论述企业发展战略研究时引用了两组数字：其一，1955年，由美国《幸福》杂志所列出的全球500强大企业，今天只剩下1/3了，也就是说500家剩下100多家了，大多数已经破产倒闭，或被别的企业兼并；其二，世界上1000家破产倒闭的大企业中，有850家（即85%）是企业家决策失误所造成的。这两组数字说明，即使是已经成为世界500强的大企业，也可能由发展变成破产，而导致破产倒闭的原因，大多数则是源于战略决策的失误。决策成为左右成败的重要砝码，因而在经济管理领域备受推崇。

对学校的经营和管理来说，决策同样至关重要。时代的发展、人才的培养、学校管理机制的转型、教育改革的深入，给学校决策带来了一系列新的挑战。世界开放的格局使学校不再是“孤岛”，而必须应对社会的辐射，从而在变革中走向新生。校长作为职业经理人，行政职能开始由被动的执行和管理走向自觉、自主，决策由此成为必然。

学校决策的范畴相当宽泛，既有长期性决策，又有中期性和短期性决策；既需要战略性决策，更需要技术性决策；决策的内容更是涉及方方面面，巨细兼包：价值理念、办学目标、发展定位、品牌策划、特色创建、课程领导、教学管理、科研行动、资源开发、人才培养、人事改革、学生管理、评价机制、信息管理、物业管理、财务开支、后勤服务，等等。正是面对这种宏大细微、繁杂交叉的问题情境，决策研究才有了现实的必要和可能。

决策学研究者认为，现代决策不应只是领导或专家的个人行为，而应当是民主的、科学的、公开的集体价值取向。基于这种理念的指导，学校决策更应当尽可能地发挥扁平体组织的作用，尤其是听取教职工代表大会、学生代表大会、教师委员会、学术委员会、民主议事会、校务办公会，有家长代表和社区参与的办学委员会等组织的意见，进行有效决策。集体决策有利于聚合智慧，构建共同愿景和实施计划，使决策更加科学；不同层面的代表参与决策，有利于从多个角度出发，多维思考研究问题，广度预测决策的风险，使决策更加完美；民主的公众决策同时可消解独断专权，减少行政偏差。

所以，需要我们对决策的过程进行关注。IBM公司曾研发出一套“最佳决策五步骤”，让经理人可以循序渐进地制定成功的决策：第一，建立需求和目标，找出促成决策的最原始的需求，清楚决策方向；第二，判断是否寻求员工的选择及想法，制定决策可以由经理人独立完成，亦可邀请员工参与决策，得到更多样的选择及想法；第三，比较各项方案；第四，评估负面情境，做出相应对策；第五，选择最佳决策方案。这几步当然可以成为我们进行决策的参考和借鉴。需要注意的是，在第二步中，IBM强调“适时地让员工参与决策”，可以追问五个问题：员工是否有充足的可以凭借的信息制定决策？员工是否有足够的能力与必备的知识参与制定决策？员工是否有意愿参与决策过程？让员工参与是否会增加决策的接受度？速度是否很重要？有了这么一个程序，我们在决策的过程中就能有效地避免盲目追求规模决策的弊端。这样做带给我们的启发是，组织集体决策须慎重考虑参与人员的决策资质，确定最优秀的人参与决策。同时，校长必须要清楚，哪些重要的或者是敏感的事情需要决策？不同的决策应当放到一个什么样的层面来进行？如何分层次开展有效决策、科学决策？这些问题必须认真研究。

实施决策的过程，其实就是一个确定目标、寻找策略和组织力量、达到彼岸的行动。决策力，事实上就是准确地瞄准目标而迅速行动的领导创造力。

能成长为教育家的校长其决策力必然是卓越超群的，正如袁振国教授所讲：“教育家首先要有自己的教育思想，有对教育的独立见解，有对教育理想的不懈追求。”

二、文化聚合力塑造：用文化再造学校

从某种意义上讲，学校经营管理、教书育人是一种生产活动。文化是重要的生产力，是综合竞争力的核心因素。作为软实力，文化具有引领、服务、竞争和创新的重要功能。

在传统的观念中，文化是与文明、宗教、学术、艺术、历史等有着密切

关系的，文化的高贵品质同时拒绝了平庸和低劣。在一般人看来，文化大象无形、大音希声，文化建设似乎是高不可攀、深不可测、远不可及的事情。其实，文化无处不在，人们的思维方式、生活方式、精神理念、价值取向、行为规范、社会环境无一不是某种文化的外在反映，我们时时刻刻沐浴着文化的熏陶，呼吸着文化的空气，感受着文化的滋养，身处其中却难以言状。揭开文化神秘的面纱，我们会发现，文化不仅是可以传承的，更是可以创造的。

从职业的习惯出发，我们更愿意探讨教育生活状态的学校文化。学校文化的核心是学校共同的价值观念、价值判断和价值取向。它产生于学校自身，得到全体成员的认同和维护，并随着学校的发展而日益强化，最终成为取之不尽、用之不竭的精神源泉。一些学者把学校文化划分为精神文化、制度文化、行为文化、物态文化，这也是大家普遍接受的观点。其实，怎么分类在这里并不重要，我们关注的是，如何通过塑造文化来有效地提升文化的聚合力。

在学校文化的因素中，精神文化无疑是思想的引领，是共同价值理念的体现，也是区别于他文化、彰显自文化的重要标志。从这个意义上说，精神文化建设并不拒绝对教育真理的求同，但更注重个性风格的存异。我们倡导的精神文化，需要的是一种和而不同的气象、海纳百川的气概、成变创新的气质。思想是理念的先导，理念是实践的指南。苏联著名教育家苏霍姆林斯基告诉我们："领导学校，首先是教育思想的领导，其次才是行政的领导。"追寻先贤教育思想，我们不难发现，无论是蔡元培在北大开创的"兼容并包，学术自由"，还是国学大师梁启超在清华演讲过的后来成为清华校训的"厚德载物，自强不息"，抑或是张伯苓在南开倡导的"允公允能，日新月异"，大师们超凡睿智的精神光辉无一不对学校和社会产生了极为深远的影响，成为教育精神的象征，也因此演变为薪尽火传的文化自觉。继承和发扬先贤精神，与时俱进，开创未来，是新时期学校文化建设的使命。正视现实，学校精神文化应该是多元的，它至少涵盖了学校的办学宗旨、教育理念、校训、育人目标、共同愿景、校风、学风、教风、教学成果、人才品质、社会贡献等，体现了一所学校的价值理念和价值追求、文化品位、教育品质。学校文化精神是在长期办学实践中，经过师生艰苦努力、笃志探索、历经验证的思想积淀而成的。而在这个过程中，校长职业精神的引领作用就显得特别重要，“营造一种能够促进本校学生和教师更好发展的学校文化，培育一种能够体现本校学生和教师内在素养的学校特色，创造一种基于学校历史和传统，促进学校持续发展的学校精神，高度关注并致力于形成学校文化、学校特色、学校精神，这就是校长的文化使命”。

学校文化体现在制度上，表现为一种法规文化、组织文化、行政文化，是学校师生在共同价值观念的指引下，为实现共同愿景建立的行为规则，它得到了师生的认可并约定俗成，成为大家自觉的职业习惯和生活方式。如果不是这样，只有冷冰冰的教条，那不能称为制度文化。文化不等于规章制度，建设制度文化不在于定了多少条规，而在于制度的价值取向、文化观念，以及制度的公正度、关怀度、认可度、诚信度、有效度。文化管理的理念认为，最高层次的管理就是通过组织文化的培育、管理文化模式的推进，使员工形成共同的价值观、共同的行为规范，来实现有效的组织管理。从这个意义上说，现代学校管理需要重建制度文化，从单纯的管理控制向以人为本转型，从制约、规范转向服务支持和创新保障，从而破除科层管理的体制性矛盾（管理与被管理的矛盾）和团队精神的消解现象（监控式管理、高度压力和危机、恶性竞争、关系紧张等造成）。面对制度的变革，校长必须反思：我们制定制度到底是为了什么？如何重建制度文化？应当警惕的是，校长必须尊重学校的文化传统，不同的校长固然有着不同的管理思想和方法策略，但对一所学校来说，制度文化凝结并遗传着学校精神的密码，一任校长换了，继任者改天换地，对原有的制度强行删除、重建制度系统的做法，非常值得怀疑。在精细化管理大行其道的今天，一些校长不厌其烦地制定各种规范、条令的行动，凭借控制来管理的理念，恐怕也需要进一步探讨和商榷。事实上，“我们已经进入一个规章制度从完善走向简约的时代。规章制度不是包治百病的灵丹妙药，在这个崇尚自由、追求个性张扬的时代，我们还要追求更加重要的东西”。我们制定制度的基点，应当回归到人本上来，重要的不是规范什么，而应当是倡导什么；评价不是为了淘汰末位，而是引领和激励；制度的建构不是一种权力的专私，而应当是全员的参与、协商，实现分享和认同；制度的有效执行不在于监督和强制，而在于对共同价值观的道德自觉和自我规范；制度的价值取向不是为了划定路线、限定空间，而是保障和促进人的发展。从这里讲，重建学校制度文化，校长任重道远。

行为文化则体现了一种道德观、价值观和哲学观，它是精神文化和制度文化的外显。行为尽管是不同个性的特殊表现，形式千差万别，但也明显地呈现出群体的普遍性共同特征，譬如军人的威武严整、教师的师表风范、农民的朴实勤劳。就是同一群类的不同组织比较，也有团队间的差异和内部成员的类同。就学校之间来说，有的学校研究氛围浓厚，有的学校书香四溢，有的学校理念先进，有的学校人际和谐……都表现出了一种团队行为的文化特征，我们通常称之为风气。不同的学校之间精神、风格、行为的差异，尽管与学校传统的文化观念密切关联，但值得关注的是，这些行为表征也往往与校长的价值取向、性格爱好、精神倡导、行为习惯有着微妙的因果反应。这个现象告诉我们，行为文化是可求可为的。建设行为文化，实质上是一种倡导，之所以这么说，是为了防止简单化的操作。有人认为，靠制度规范就可以实现行为文化。其实不然，制度规范固然有其有效的一面，但要真正将其内化于心、外化于行，光靠制度不行。思想决定行为，态度决定习惯，习惯决定性格。行为文化既受核心价值观的引领，也受个体习惯、态度的影响，而这些只能通过文化的感召、陶冶、教化来实现。同时，校长的人格示范也是至关重要的，公道正派、廉洁高效、民主法治、理念先进、人文关怀、学识渊博、胸怀宽广、睿智亲和、果敢刚毅、道德责任、应变创新等品质，正是一位校长树立威信的根本专业素养，也是引领一校风气最直接、最有效、最能动的带动力。

至于物态的环境文化建设，世人共识，无须赘述。

传承与创新学校文化，是新时期教育发展赋予校长的新使命，是新的文化管理理念提出的重要行动研究课题，也是校长走向专业化的必由路径。“教育的权力是可以用文化来行使的，只有如此，才更具思想力、凝聚力和执行力”，用文化再造学校，需要校长们转变观念，进行持久的探索和生动的实践。可以说，谁先占领了文化制高点，谁就在未来的竞争中掌握了制胜权。

三、关怀力成长：人文的行动

美国的罗森柏斯国际集团开始是一家私人小旅行社，在20多年的时间里，这家私人公司突飞猛进，至今，已经拥有近1000家分支机构，分布在全美50个州及6大洲的53个国家，成为全球第三大旅游管理公司。罗森柏斯国际集团成功的秘密在哪里？集团领袖豪尔·罗森柏斯告诉人们："员工第一，顾客第二。"罗森柏斯认为，服务发自内心，不愉快的人提供的只能是不愉快的服务。只有当公司真正地关怀员工，把员工放在第一位的时候，员工才会真正把顾客放在第一位。

关怀是一种精神，从某种意义上说，这种精神也是一种生产力。"员工第一，顾客第二"，正是这种在许多人看来完全不符合常规逻辑，甚至是主次倒置的经营理念，却在罗森柏斯国际集团产生了强大的精神力量，进而转化为推动集团发展的源源不绝的生产力，使罗森柏斯集团气势如虹，跃升为业界翘楚。

罗森柏斯集团的成功经营理念告诉我们，只有把员工的利益放在心上，让其感受到幸福并有归属感的时候，他们才能真诚地热爱公司，自觉地关心公司，并愿意为公司的发展做贡献。也只有在这个时候，员工的积极性和创造性才能被激发出来，从而使公司的付出得到优厚的回报。

反思我们的教育，尽管"以人为本""关心教师"的口号已经喊了若干年，但现实的状况恐怕很难令人满意。行政干预、专制主义、末位淘汰、电子控制、高压管理、升学率考核、职业枯竭、工作环境恶化等，很难让人相信教师是一种令人羡慕的职业，至少离这个目标还相差很远。正是出于对这种现状的深刻透视，著名教育专家、北京十一学校校长李希贵率先提出"教师第一"的理念。他提醒我们，教育是塑造人的事业，只有幸福才能塑造幸福，如果我们的老师没有幸福感，又怎么能培养出幸福的学生？所以，要善待我们的老师。

善待老师需要人文关怀。什么是人文关怀？简单地理解，就是关心人、尊重人、发展人、成就人，让人幸福地生活。一个领导者就是愿意并且能够为自己的行为和他人的福祉承担完全责任的人。

一个好的领导必然是一个正直善良、胸怀坦荡的人，一个真诚可亲、仁德克己的人，一个谦虚平和、尊重他人的人，一个追求卓越、从善如流的人。他的权威在于其思想前瞻、公明决断、厚德博学、人文关怀和事业成功。他从不高高在上、颐指气使，他喜欢和老师交流，所以亲近老师；他从不党同伐异、排除异己，他善于倾听不同的声音，所以容人、谅人、尊重人；他从不装腔作势、沽名钓誉，他真切地关心老师，所以能真情地服务老师；他求贤若渴、不问远近，所以群贤毕至、业绩卓著。一个优秀的领导，往往能带出一个优秀的团队，反之亦然。

关怀需要摆正位置，领导是一种服务。关注人的精神追求，创设成功的舞台，让每个人都感到自己重要，这是一种服务；尊重发展的需要，引领员工实现共同愿景，打造卓越团队，做最好的自己，这是一种服务；关怀人的情感，倾听老师的心声，创造和谐的环境，这是一种服务；关爱弱势群体，把他们的冷暖放在心上，落实到行动上，为他们排忧解难，这是一种服务；关心老师的生活，努力提高老师的生活质量，让幸福充溢他们的心灵，这是一种服务。服务别人，幸福自己；赠人玫瑰，手有余香。服务无止境，但须用心去做。

关怀需要张扬民主，尊重个性。管理就是组织人才与塑造人才，而民主则是帮助我们实现目标的好形式，民主可以聚人、聚力、聚智慧。背离了民主，也就孤立了自己。校长必须清楚的是，我们所有的理念、决策、计划、要求，都要依靠教师来实现，所以，要学会正确地识人、用人、评价人。用人之长、容人之短，不仅需要肚量，更需要胆略和艺术；正确地用人，用正确的人，干正确的事，就是和谐；人无完人，尺有所短，寸有所长，如果只盯住人的缺点，看不到别人的长处，则天下无才。管理需要统一，但不是“同一”，什么都同一了，才是最可怕的；志同道合，和而不同，求同存异，才会充满活力。

关怀需要形成机制，确立规范。关怀教师并非朝夕之事、一时感念，而在于持久；关怀不是一句口号，不是华丽的汇报，而在于行动和落实；关怀不是个人自发的义举和善念，随心所欲，逞一人之功，而是一种职责底线和道德规范。这一切，需要制度来保证。当充满关怀的制度升华为人文的精神，关怀就成为文化。

校长要成最好的自己，必须是基于人文关怀的，而对学生的关怀，当先从关怀教师开始。

浅论学校生态校园的建设

早在20世纪五六十年代，欧美国家就开始致力于生态规划的研究，并较早地将生态概念引入学校建设中，中国大陆及台湾地区，近年来亦在各地大力发展生态校园建设。然而，这些生态校园的建设，仅限于自然环境，着力于景，与我们将要建构的生态校园，内涵与外延有些联系，但差别巨大。我今天要阐述的生态校园，已超越了生态学范畴，也不止于环境学，它已扩展到了人类学、社会学及至整个人文社会科学……对于生态校园，我的定义是，在生态学原理的指导下，贯彻可持续发展的教育思想，通过合理的规划和建设，形成自然环境、社会环境高度协调的校园生态系统。所以，根据定义，生态校园的范围和内容，应该主要包括两个方面：一是自然方面，包括地理、建筑、布局、绿地、景观等，这些因素在不同程度上决定着师生的活动和行为；二是文化方面，包括教育传统、教育特色、教育理念、办学思路及其他相关的学术活动等。因此，建设生态校园不仅需要从自然环境入手，还需要从学校的文化或人文环境着手，并且应特别重视人与校园生态的和谐、平衡和协调。

说得很抽象，其实用两句古诗文来诠释一下就很好理解了。

“荷风送香气，竹露滴清响。”

“暮春者，春服既成，冠者五六人，童子六七人，浴乎沂，风乎舞雩，咏而归。”

第一句是孟浩然《夏日南亭怀辛大》里的一句诗，意思是浪漫的夏夜，落日熔金后，月出东山时，清风如梦，吹送着荷花的香气，也吹落了竹叶上珍珠似的露珠，暗香袭人，滴响可闻，清心悦耳，多么宁静美妙啊！这是自然的和谐。

后一句出自《论语·先进篇》，意思是：暮春三月，穿上春衣，约上五六成人，六七小孩，在沂水里洗澡，在舞雩台上吹吹风，然后一路唱着歌回家。这是曾点的人生志向，阳光下，春风里，人们沐浴、唱歌、远眺，无忧无虑，身心自由，颇有情趣，孔子深以为然，自己也特别向往这种生活。寥寥数语，孔子与弟子谈人生，谈理想，其乐融融，尽在其中。这是人与人之间的和睦。

生态校园内容很多，范围很广，包括自然、人文、科技、艺术、安全等各个方面，但由于受地理位置、人文风俗、经济条件的制约，学校在生态校园的建设中难以保证面面俱到，只能根据自身情况及办学思路，有所侧重地进行规划建设。为此，我决定从环境生态、情感生态、课堂生态、学生成长生态等四个方面进行长远规划和建设。

一、环境生态——人景相生　书香校园

校园环境生态也就是校园生态环境，包括校园自然生态环境和校园社会生态环境。校园自然环境主要表现在校舍绿化、校园空气、学校噪声及校内设施等方面。其中校舍的绿化面积和质量是校园生态程度的重要指标，校园的空气质量直接影响学校师生的健康水平，而学校的噪声污染程度及校内设施功能的完备直接决定教学活动能否顺利开展。一个美好的校园生态环境，必须是景观种类丰富、植被覆盖面广、空气清新舒畅、功能设施齐全，既具有现实主义的实用，又充满浪漫主义情调。

校园社会环境又叫校园人文生态环境，是学校师生精神风貌、思维方式、价值取向和行为规范的综合体现，能在一定程度上反映学校发展的独特理念与发展特色。在学校这个以文化为主体的特殊小社会里，校园人文生态环境的创建至关重要，因为它体现了一个学校特定的精神环境、文化氛围和格调品位。文明的人文生态，能够提高凝聚力、营造优良校风、陶冶学生情操，促进学校全面、协调、可持续的发展。春风化雨，润物无声，师生们如果每天生活在绿色、优美、和谐的校园中，必然“如入芝兰之室，久而不闻其香，即与之化矣”。

就自然环境而言，首先，学校需要对整个校园内外的环境进行深入了解和

分析，找出校园规划不合理之处或存在安全隐患之处，然后对症下药，对不合理的建筑设计进行改建，对存在安全隐患的建筑进行拆除和加固修理，从而确保学生和教师在校内没有任何生命危险。

其次，学校应对校园内的空地、闲置的建筑进行整理、开发，或种树植草，或建设运动场所、休闲场地，还可设立校园读书角、活动中心等，这样就能为师生提供更加广阔的学习活动空间，丰富他们的课余生活。

再次，学校需要进一步扩大校内绿化面积，提升学校绿化质量，优化校园环境。生态校园的主体是绿化，用于绿化的树种、花种、草种要适合本地生长，要考虑到易成活、耐修剪、寿命长，还要顾及物种的多样性，观赏性，以体现苏仙中学的教育特点和郴州的地方特色。

从次，建造生态校园，要让校园内绿化景观互相协调，要使学校建筑与自然环境互相融合，要将师生的人情美、人格美与自然环境的宁静优美互相统一。一方面，创建校园生态，要把校园打造成景点，如苏州园林，务必使学生无论站在哪个点上，眼前总是一幅完美的图画。为了达到这个目的，必须讲究亭台轩榭的布局，讲究假山池沼的配合，讲究花草树木的映衬，讲究近景远景的层次。另一方面，学校还必须坚持特色发展，用浓厚的生态情教育学生，濡染学生，培养阳光、幸福的孩子。这样，景与人谐，人因景悦，人景相生。

最后，校园生态环境的建设不是一朝一夕的事情，也不是某一个人或学校某任领导的任务，而是需要全校师生共同努力，一起来建设和维护。我们必须有这种使命感，因为这既是学校自我发展、自我完善的需要，也是对当前郴州三创工作的最大响应与最好支持。

当然，创建和美校园的同时，还需花大力气进行校园人文环境生态的建设，否则，校园生态徒有其表，金玉其外败絮其中。建设的第一步，首推阅读。莎士比亚说："书籍是全人类的营养品，生活里没有书籍，就好像没有阳光；智慧里没有书籍，就好像鸟儿没有翅膀。"培根说："读书足以怡情，足以傅彩，足以长才……读史使人明智，读诗使人灵秀，数学使人周密，科学使人深刻，伦理学使人庄重，逻辑修辞之学使人善辩：凡有所学，皆成性格。"阅读改变人生，多读一本书，就多一分智慧，多一分力量。为此，开展以"阅读进课堂”为主题的书香校园活动就显得尤为重要。让图书成为师生的必需品，让读书融入师生的生活。师生走进阅读，热爱阅读，在读中悟，在读中乐，与书为友，天长地久。

另外，我们还必须加强班级生态文化建设。班级文化具有一种无形的教育力量，对学生的教育最直接也最重要。积极的班级文化能够让班级学生意识到自己对班级应尽的义务和责任，感受到集体的要求和期待；积极的班级文化也能够形成催人向上的心理氛围，成为班级和学生发展的驱动力，促使学生孕育信心，追求成功和乐于交往；积极的班级文化还能够激励和强化学生的积极行为，调节和控制班级学生的偏离行为，把学生的行为引向班级规范的轨道上来；积极的班级文化倡导正确的价值取向、健康的审美情趣及优秀的人格品质，形成一种催人向上的教育情境，这些无疑都能激励学生努力进取、奋发学习、热爱生活和珍惜光阴。

然而班级文化建设不能克隆别班文化，它立足于学校传统，在学生的活动和交往过程中逐步形成发展起来，有鲜明的班级特色，具有唯一性。

要努力构建具有富有特色的班级生态文化，让教室的每面墙壁、每个角落都富有教育意义，用苏霍姆林斯基的话讲就是“无论是种植花草树木，还是悬挂图片标语，或是办墙报，我们都将从审美的角度深入规划，以便挖掘出潜移默化的育人功能”。

此外，构建班级生态文化，要建立健全规章制度，构建班级制度文化。俗话说：“没有规矩不成方圆。”科学、民主、健全的班级规章制度，对学生良好行为习惯的形成及主人翁精神、民主意识的培养具有巨大的促进作用。可以说，一个优秀的班集体，必有一套运行良好的班级规章制度。

当然，最重要的，构建班级生态文化的核心，便是打造班魂，构建班级精神文化。班级精神文化具有移情、承载和凝聚的功能，是所有师生共同创造的一种精神财富，体现着师生共同认知与维护的理念、情感、价值取向，是规范学生行为、塑造学生人格、陶冶学生情操的重要手段。优秀的班级精神文化是内容和形式的完美结合，如“读书乐，乐读书”这一班训，匠心独具，富有创意，让人回味；如“不求最好，但求更好”的口号，增强了班集体的向心力和凝聚力，体现了理智与人性；“厚德载物，自强不息”的班级誓词，催人向上，激人奋发，有极强的鼓舞性。

另外，进行校园人文环境生态的建设，我们必须始终把“以人为本，构建和谐校园”作为重要工作目标，通过和谐校园的创建，形成一种绿色的校园人文环境，让学校管理运行机制更顺畅，师生发展机会更均衡，老师工作更顺心，学生学习更舒心。

总的说来，一所学校构建生态环境是从自然和人文两个角度展开，注重人景相生，和谐发展，但绿色生态校园的建设是永无止境的，它是一个全方位提高学校办学品位的综合性工程，未来还需要与时俱进，不断发展。

二、情感生态——师生共建　和谐共进

苏霍姆林斯基说过：“如果教师不去设法在学生身上形成这种情绪高涨、智力振奋的内部状态，那么知识只能引起一种冷漠的态度，而不动感情的脑力劳动只会带来疲劳。甚至最勤奋的学生，尽管他有意识地集中自己的努力去识记教材，他也会很快地‘越出轨道’，丧失理解因果联系的能力。”因此，教师要想提高课堂教学效果，就必须重视课堂教学情感生态环境的作用。

不止课堂，一所学校在管理上也特别需要情感生态。我们知道，现代学校两种最重要的管理方式就是制度管理和情感管理。成功的学校管理，需要两者的良好配合与和谐交融。制度管理，必须建立科学合理、符合实际的规章制度，是现代学校管理的根本。而情感管理，则被认为是制度管理的最好补充。简而言之，情感管理就是校长以真挚的情感，增强与教师之间的情感联系和思想沟通，满足教师的心理需求，形成和谐融洽的工作氛围的一种管理方式。

正如白居易《如元九书》所说：“感人心者莫先乎情！”我们必须努力建设校园情感生态。然而情感的世界从来都不是单向度的，情感的维系也不是某一方单纯地上演独角戏就能达成的，否则会产生情感的孤独或不完整的情感。学校里的情感世界也是一样，需要学生和学生、学生和教师、教师和教师、教

师和校长、校长和校长等来共同构建，这样他们之间的情感才能实现和谐共进。就像东西、思想与人分享，其效用会成倍放大一样，情感的旨趣也是需要双方或多方共同分享才能体现其真正的价值。

受古代传统思想影响，我们的教育太重师道尊严。从校长到老师，一个个尽是“老夫子”，特别在意上下尊卑，生怕放下架子，乱了套子，丢了面子，失了里子。不过，常说关心则乱，太在意反而不得意。君不见近期校园暴力中，多少老师受到伤害，有的被打，有的被杀，真是罄竹难书啊！不说面子里子，老师连生命的安全也无法得到保障，确实让人唏嘘，让人反思。教育出问题了吗？回答是肯定的。问题来自方方面面，归根结底还是教育体制的问题，是教育部的问题。然而，我们的教师是不是也需要反思自己的问题了？

也许，我们从新加坡的教育中可以获得答案。新加坡的教育以严著称，严格得近于苛刻，然而师生间却罕见冲突。很多去过那里的老师都感觉到，新加坡的教育，制度虽严，师生之间却其乐融融。这就给我们很大的启示了。他们是怎样做到这一点的呢？通过研究，我们的学者发现，新加坡的老师在学生面前没有架子，非常平易近人，学生从老师身上也感觉不到威严和距离。也许有人会担心老师得不到学生的敬重，无法约束课堂纪律。出人意料的是，这种如朋友一般的师生关系反而促进了老师与同学之间的互动交流。同学们也显得特别通晓事理，从不有意扰乱课堂秩序。

上课时老师与同学们其乐融融，课余时大家更是关系密切。比方说教师节的庆祝活动。在中国，大多数同学都会选择赠送卡片、鲜花等方式向老师表达敬意。但是，在新加坡，学生的庆祝方式可是花样百出。很多精通厨艺的女生会从家里带来自己亲手制作的糕点，在练习课上送给老师。当然，即使蛋糕味道不尽如人意，老师也会十分欣慰地接受这份厚礼。在学校，能够得到这样的馈赠可是老师的一种殊荣，是一种非常受欢迎的表现。

与保守的中国老师相比，新加坡的老师从来不羞于表达自己对学生的热爱。情人节的时候，老师经常会带小礼物送给自己最喜爱的班级的所有同学。学校学生会也是瞅准了这个机会开展募捐活动，他们通过提供有偿的送礼、送气球服务，根据老师的要求，将指定数目的礼物送到指定的班级，并将所得款项捐献给慈善机构。于是从学生到老师，从班级到学校，就完成了一次情感洗礼，整个学校也洋溢在“爱”的世界里。

说到这里，我们的很多老师都会觉得道理是那么回事，要付诸行动却很难迈出第一步，知易行难！但是再难我们也必须转变，化蛹成蝶。试想想，一位把学生的利益作为最高价值的老师，学生能不发自内心拥戴他吗？中国的古代圣贤早就说过：“国不知有民，民不知有国。国无民，民无国。”国家不拿百姓当回事，百姓自然也不会拿国家当回事。孟子也说：“君视臣如手足，则臣视君为腹心；君视臣为草芥，则臣视君为路人；君视臣为犬马，则臣视君为仇雠。”君臣关系如此，师生关系亦如此。推而广之，校长之间，校长与老师之间，莫不如此。因此，管理者应该清醒地认识到，只有被管理者发自内心热爱这个班级或学校，学生才会乐学，老师才会乐教。也因此，一所学校要做强做大，成为名校，必须切切实实构建好情感生态。

所以，以后的教育教学中，教师在关心学生成绩的同时，也需要关心学生在学习过程中是否开心快乐，有没有积极的情感投入，有没有获得成就感。更重要的是保持开放的心态去疼爱和关心班上的每一个学生，而不管他们的家庭出身、外貌、性格与成绩。因为只有实现“爱的教育”，让每一个学生都感受到了爱，整个班级才会充满爱，学生也才会去爱其他同学和教师，才会“不独亲其亲，不独子其子”。对于初中来说，这一点尤其重要，学生正处于性格和情感的养成期，情绪和情感不够稳定，有的学生甚至很叛逆，作为教师，应该多包容、理解、鼓励、赞赏，特别是当着同学的面表扬他们，让他们能真正地感受到老师的期望与爱。

另外，要建设情感生态，也需要教师尊重学生个性的舒展，培养他们的创新思维。快乐的课堂是尊重个性的舒展的课堂。课堂上，教师应该为学生充分营造情感生态，从而发挥每个学生所特有的灵性，激发他们创新的灵感，最终培养出既有灵性又有个性的学生。同时，必须允许学生在课堂上有自己独立存在的信念和意识，在学习中选择自己喜欢的内容和方式自觉主动地学习。此外，要关注学生内心的真实感受，尊重学生的心灵体验，强化学生的展示交流，并通过展示交流焕发学生的生命自信，享受学习的快乐和幸福。

值得注意的是，师生间还必须建立民主平等的关系。著名教育专家朱永新教授认为，要让学生真正成为学习的主人，课堂上必须给学生自由，要让学生感受到教师的民主，这样学生可以在没有压力、没有怀疑、没有阻抗的情感环境下交往和沟通；当遇到学习上的难题，师生共同探究，小组合作讨论；同时，让每一个学生都有机会和权利展示自我，从而实现每个学生都有相对于自己过去的进步和创新。此外，学生可以自由表达自己的思想、情感、观点、意见和看法，并且可以在课堂上自由地呈现和尽情地演绎出来。

构建校园情感生态，需要我们教师、学校做的还很多，上述列举的几个方面只是阐述了教师与学生交流情感的一些基本方法。虽然只论及情感生态一个层面，但我们只要把握了这个基础，注重人文关怀，就可以由点及面，触类旁通，建设好学校情感生态。

三、课堂生态——自主互助 高效创新

课堂生态，也叫生态课堂，指在课堂教学活动中，以学生为主体，注重每个学生的需求、欲望和意识，同时尊重学生的个性，通过灵活多变的教学手段，真正实现教与学的互相促进，教师与学生共同发展的课堂。与传统课堂强调教师的主导作用不同，生态课堂是完全的原生态，不事雕琢，没有硬性的教学目标，没有固定的教学步骤，甚至连问题的答案可能也没有。

生态课堂的前提是相信学生具有学习的天性和无限的潜能，在此基础上，把时间交给学生，让学生自主地学习。

生态课堂应是“情境”的课堂。恩格斯说“人是环境中的人”，课堂是师生活动的生态环境，课堂教学的任务之一就是要创设有利于学生成长的教学情境。

生态课堂应是“体验”的课堂。苏霍姆林斯基说过：“学生要想牢固地掌握数学，就必须用内心创造与体验的方法来学习数学。”因此，教师要设法引导学生在体验中学习，在体验中自主探究、自主发展是学习的关键。

生态课堂也是“愉悦”的课堂。愉悦是一种幸福、快乐的心理状态。给学生以幸福的学习时光不仅是教育的目标，也成为教学过程的追求。愉悦来自心理的满足，来自创造的成功，来自个体为群体的接纳。

真正的生态课堂效率非常高，因为这样的课堂，教师满怀激情，指导有方，学生情绪饱满，主动学习，课堂气氛自然热力十足，效果当然也就好了。

我曾经听过两堂课，自认为比较生态，值得推广。

有位语文教师上了一节古诗词赏析课。开始上课前，教师用几句颇为煽情的抒情句子简洁导入。接着他请学生自由背诵一首古代的悲情诗，并发表自己对这一诗句的品味与感受。学生们发言非常踊跃，一个接一个，大家都能就自己选的诗句进行精彩的解读，甚至有的学生还能针对其他学生的品析提出不同意见。然后教师再和学生一起来进行学习，一起来讨论学生刚刚的发言，对好的观点进行赞赏，对那些不好的观点有针对性地进行指正，这样学生的自主学习能力得到了锻炼，小组合作学习也得到了促进。学生在与其他学生的知识交换和观点碰撞中，拓展了视野，收获了思想，实现了从知识到能力的质的飞越。

课后，这位老师评课时自己说，这堂课走样了，本来要分析手法，鉴赏意境，没想到学生一岔，就上成了意识流，好像没完成教学目标，不过，感觉学生挺享受，效果应该还可以吧。

确实效果不错，参与评课的其他领导和老师都高度评价了这节课，认为这堂课所有学生都积极参与，人人有体验，人人有收获，非常成功。感谢这一岔，无心插柳柳成荫。

还有一堂课，也给人留下了深刻的印象。

一位教师在讲授《雷雨》时，在学生充分发表自己对作品的独特阅读感受之后，没按常规教学让学生苦苦挖掘文本的写作意义，而是另辟蹊径，以分析周朴园与鲁侍萍的爱情悲剧为主线，引领学生结合文本去审读周朴园是否真的爱鲁侍萍。一石激起千层浪，这个敏感而有趣的问题，让学生们激情高涨，于是个个大胆发言，心灵与心灵对话，激情与激情碰撞，智慧与智慧交锋，价值与价值共享，学生们都焕发出了夺目的光彩，老师也绽放出比阳光还和煦的笑容。

创新使课堂再也不是令人窒息的“加工场”，而是多彩的林园、奇趣的乐园。

生态课堂所强调的原生态，是回归生活源头的一种教学方法，是激发学生情感、兴趣、动力的重要因素。生态化教学不但适应语文科，也适应其他学科，这源于所有学科都具有问题层次化（创设不同的生活情景，在不同的生活情景中分设层次不同的问题）、问题开放化（激活开发性问题和活动方式，灵活解决多元性问题）、问题生活化（提高学生运用知识的自觉性，解决生活中的实际问题）、问题操作化（“玩中学、做中学”，为学生提供自主探索的机会，让每个学生在参与中得到发展）等共同的特点。

生态课堂绝不等同于传统教学，形式上虽然返璞归真、朴实无华，但它的核心是“自主互助、高效创新”。所以，生态课堂最考验教师。看似不备课，其实无所不备；看似不经意，实则形散而神不散。这些都要求我们的老师不断丰富自己的专业文化知识，因为一般来说，专业知识积累得越多，上课时就越能应付自如，讲得也就越深越透彻，效果就会越好。当然，这种课堂还特别考验教师组织课堂及临时应变的能力，若力有不逮，则课堂可能会失控，那就谈不上效果了。

人类的生态化已成为人类生存和发展的一种趋势。教育是人的事业，课堂是学生学习成长的地方，是学生作为主体的精神交流场所，是激发其生命活力，启动其自由天性，展现多彩自我的舞台。所以，教育生态化，构建生态课堂，实现学生生命成长，是课堂改革、教育发展的必由之路，也是学校继续前行的必经之路。

四、学生成长生态业全面发展　才情兼备

在探讨学生成长生态之前，先看两个事实。

第一个事实是：国内外心理学者近年来的研究发现，中国人和犹太人的智商是世界各民族中最高的，中国中小学生的学习成绩是世界上最好的。国外心理测量专家的研究证明，东亚人和犹太人的智商无显著差异，东亚人和犹太人

的智商略高于盎格鲁-撒克逊白种人，更高于美洲的西班牙后裔和非洲人后裔。20世纪80年代以后，中国中学生参加国际奥林匹克数理化竞赛成绩卓著，中国小学生的数学成绩明显高于美国小学生。

第二个事实是：自1901年到现在，获诺贝尔奖的科学家，犹太人获奖人数是华人获奖人数的40多倍。在欧美各国的著名大学中，犹太裔的著名教授大大多于华裔教授。美国航天科学家中，犹太裔约占60%，华人寥寥无几。

这两个事实形成一个悖论：华人的智力并不一定比其他民族低，但是获得高水平成就的人很少。获得诺贝尔奖人数的多少，标志着一个国家的科学研究水平的高低，它是由很多因素决定的，其中一个重要因素就是教育与文化。

那么，我们的教育和文化到底出了什么问题呢？

了解一下“两颗种子”的理论，也许能帮助我们找到答案。有研究结果证实——每个孩子身上都有自控力和主动性“两颗种子”，孩子成长的理想生态，就是两颗种子都饱满、和谐、平衡地得到发展。

第一颗种子的核心品质是自我控制力，是控制自己，按照外界环境提出的要求，学习社会期望的知识、技能，完成成人要求的任务的能力。

第二颗种子的核心成分是主动性和创造性，是出于个人内在兴趣、动机和愿望，自发地做自己喜欢做的事情的能力。

对于中国孩子来说，前一颗种子的生长土壤比较肥沃，而第二颗种子的生长土壤比较贫瘠；相反，西方国家的孩子，第一颗种子的生长环境可能不如我们，但是第二颗种子的生长土壤比较肥沃。这可能是我们教育问题的症结所在，需要每个教育者进行反思，就老师而言，我们也有责任在发扬第一颗种子环境优势的同时，改善孩子第二颗种子的生长环境。

从事教育教学多年的老师都知道，一个学生有兴趣才会主动，有主动才能创造。让学生自主学习，创造性地学习，自由和民主极为重要。给学生充分的尊重、关爱和宽容，学生往往品学兼优，心态阳光、健康。但是我们的教育经常从一个极端走向另一个极端，有些教师过度强调爱和自由，结果适得其反，学生变得油滑散漫还自以为是。因此，在强调“爱和自由”的同时，必须坚持纪律和制度。

几十年来，国内外心理学家的大量研究证明，学生时期形成的良好自控力，对其学习成绩、学校适应及成年后的事业成功均有重要影响，其影响力甚至超过智力。因而在学校教育中，必须把握好爱和严、自由和纪律之间的平衡。要知道尊重不等于溺爱，更不等于放任自流，尊重孩子与培养孩子的自控力相辅相成，尤其是，要想培养孩子自觉的内控能力，必须从尊重孩子开始做起。这种关系，美国作家马克·吐温有一句话很形象：“对意见的表达，要像鱼儿在水里畅游般自由；而对纪律的要求，却要像岩石般坚定。”

所以，有人对学生理想的成长生态进行了这样的描述：“在小学和中学阶段，有一些孩子善于亲近老师，对老师同学有礼貌，在同学中有亲和力，通常被选为班干部；善于解决同学间的矛盾冲突，受到老师和同学的欢迎，拥有较高威信；上课时能注意听讲，活跃地提问题，敢于发表意见，喜欢参加讨论；课后认真完成作业，并能自觉地预习第二天要讲的课程；学习成绩优秀；自我管理和自学能力强，喜欢自己查找学习资料，购买感兴趣的书；能较早地形成职业兴趣和职业理想，有些孩子还能掌握令人望尘莫及的专长……”

简而言之，理想生态下成长的学生会全面发展、才情兼备。

全面发展，指学生的德、智、体、美、劳全方位发展。才情兼备，指学生不只有知识和才能，而且具有高尚的品质、美好的情操。

根据霍华德·加德纳的多元智力理论，学生有进行全面发展的需要和智力条件。德育，是教育者按照社会的要求，对受教育者施加影响以形成所期望的政治立场、世界观和道德品质教育，它体现了整个教育的社会主义性质，对受教育者的全面发展起着定向的作用。智育，是传授系统科学文化知识，使学生形成科学的世界观，培养学生的基本技能、技巧和发展智力的教育，它在学生的个性全面发展中起着重要作用。体育，是全面发展学生体力，增强学生体质，向学生传授健身知识和体育运动技能的教育；体力和体质的发展是学生个性全面发展的生理基础。美育，是培养学生正确的审美观，发展学生感受美、鉴赏美和创造美的能力，培养学生的高尚情操和文明素质的教育。劳动技术教育，是向学生传授基本的生产技术知识和生产技能，培养学生的劳动观念和劳动习惯的教育。以上各育之间不可分割，因为各育都具有制约或促进其他各育的因素，各育的发展又离不开其他各育的配合，都需要其他各育与之协调。此外，因为各育都具有特定的内涵，都具有自己特定的任务，各育的社会价值、教育价值、满足人发展需要的价值都是通过各自不同的作用体现出来的，任何一育都是不可替代的。所以，为了有效促进学生的全面发展，学校应全面开展德、智、体、美、劳五育，不可只注重智育，而偏废其他。

目前，学校面临着巨大的升学压力，所以一般学校缩减了其他各育时间，大力发展智育，来促进学生知识水平的提高及考试能力的提升。这种做法导致了学生片面发展，让很多学生成为低能儿，甚至书呆子。不可否认，开发智力是教育的一项根本任务，但绝不是唯一的任务。课程的功能也绝不仅仅是传授知识，学生还应当通过课程的学习学会做人，学会劳动，学会生活，学会健体，学会审美，等等。这种现状必须改变：首先，学校领导和教师必须转变应试教育的观念，不唯成绩马首是瞻，能清醒地意识到学生全面发展的重要性和必要性。其次，学校要制定一套完整的利于全体学生全面发展的管理制度，并成立专门的领导班子和教师队伍，负责监督实施。再次，定期举行针对性强、主题鲜明的专题教育活动，如心理健康教育（包括毕业生考前心理辅导）、青春期教育、问题生转化教育等。最后，可以经常开展有利于提高学生综合素质的活动，像各种社团活动、班级足球联赛、合唱比赛等。通过这些措施，暂时也许还达不到全面发展学生的目的，但咬定这个理念不放松，学生的全面发展一定指日可待。到那时，每个学生都是才情兼备的人，具有学习的本领，也具有幸福生活的情趣。

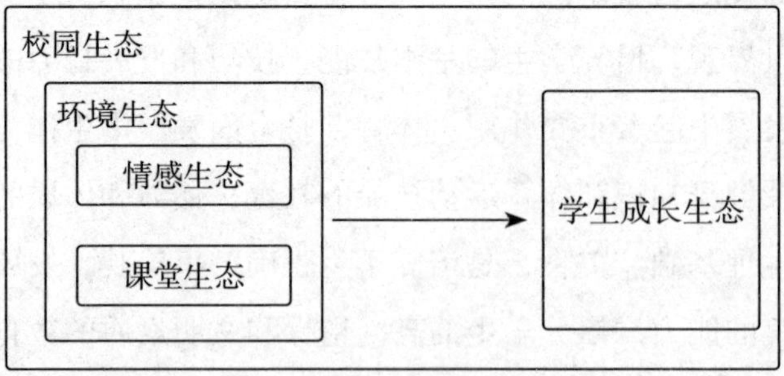

学校校园生态模式图

由上图可知，校园生态系统主要由环境、情感、课程、学生成长四个子系统构成，其中环境、情感、课程是生态校园建设的内容，学生成长则是校园生态建设的终极目标。环境生态狭义上指自然生态与人文生态，广义上又包括了情感生态和课堂生态，都构成学生成长生态的基础。

校长该有怎样的教师观

观念决定行为，品格决定境界。校长的胸襟视野、为人处世在很大程度上决定着学校的管理品位。教师是学校的重要群体。怎样看待教师，折射出校长的人才观、管理观、道德观。

现实中，有些现象很值得我们反思。有的校长习惯专制管理，高高在上，发号施令，对教师呼来喝去、粗暴管理，导致干群关系紧张、怨声载道；有的校长把管理看作矛盾，把教师当作对立方，时刻规约教师，警戒教师，监督教师，使教师战战兢兢、人心惶惶；有的校长信奉人性本恶，不信任教师，推行工作强逼硬压，指责教师不敬业、不努力，结果，士气涣散，越逼越糟。凡此种种，都是不正确的教师观在作怪。

那么，校长应该具有怎样的教师观？

尊重教师。尊重是人际交往的基本原则，更是学校管理的前提。不仅管理者需要尊重，被管理者同样需要尊重。校长要学会换位思考：你想别人怎样对你，你就怎样对别人。要赢得教师的尊重，首先要尊重教师。教师作为知识分子群体，对尊重有更加强烈的愿望。让每位教师都感受到尊重，校长才会更有感召力、认同力和领导力。尊重教师，就是要尊重尊严、尊重劳动、尊重发展、尊重合理需求、尊重权利、尊重建议、尊重价值贡献，让教师有尊严，从而舒畅地工作。管理多一分尊重，就增一分拥护；多一分包容，就增一分融洽；多一分谦让，就增一分贤明；多一分理解，就增一分团聚；多一分民主，就增一分智慧。学校管理，当从尊重教师开始。

校长必须清楚，教师不是管理的边缘者，而是学校舞台的管理主体。教学管理、科研管理、学生管理、信息管理、课程管理、文化管理、资源管理等，都离不开教师的参与、支持和执行，学校管理不能缺少教师的席位。团结教师、依靠教师，群策群力、和衷共济，才能实现科学决策和民主管理。管理不可能没有矛盾，校长要有气度、心胸和胆略，理解教师、团结教师，借助教代会、教师委员会、校务委员会和民主理校委员会等组织，开展民主沟通、讨论研究和集体协商，集思广益，化解矛盾，争取支持，形成思想的认同和行动的协同，维护稳定和发展大局，凝心聚力，变革图新。

赏识教师。每一位教师都希望得到领导的赏识。美国心理学家詹姆斯说："人生中最深切的本质，乃是被人赏识的渴望。"赏识使人精神振奋、热情自信、心态积极、自强不息。善于赏识别人的人往往胸襟坦荡、虚心礼贤、受人尊敬。校长要学会赏识教师，用心发现教师的美好品格、优势特长和高尚行为，把每一位教师放在心上，把赞扬教师放在嘴上，把激励教师作为管理的着力点，让赞赏成为学校的文化。校长赏识教师，要有"五心"：清静心、真诚心、仁爱心、谦虚心、公正心。因为校长的赏识，教师的自我效能感、集体归属感、职业幸福感同步提升，学校发展便有了动力之基、智力之源。

成就教师。按照马斯洛的需要层次理论，自我实现的需要是最高层次的需要。校长价值领导力的核心在于引领师生走向价值实现。在学校管理中，创设多元学习研究展示平台，组建教师专业发展共同体，开展教育沙龙、名师讲坛、学术讲座，组织示范课、研究课、展示课，鼓励学术研究和教学创新，帮助教师著书立说，评选学生最爱戴的老师、星级教师、功勋教师、感动校园人物等，让每一位教师都获奖，完善教师记功章程和教育教学奖励制度，科学评价教师，营造创先争优、干事创业的氛围。积极培养教师、发展教师，成就教师，造就卓越的教师团队，学校便因广聚名师而成为一方名校。

关怀教师。要珍惜教师的健康，倡导健康生活和科学工作，定期为教师检查身体，创造健身条件，给教师留出闲暇时间，防止生命透支。要关怀教师的生活，减轻教师的压力，热心帮助教师排忧解难，让学校充满亲情、友爱。有保护教师的积极性，在奖励业绩突出的优秀教师的同时，对默默奉献的教师给予充分肯定和表扬，让每一位教师都能感受到学校的关怀。

有了这样的教师观，我们的管理才会实现以人为本、盘活存量师资、激发增量发展，才会更加高效顺畅。在充满尊重、民主、和谐的校园中，教师幸福地工作，学生幸福地成长，教育便成了幸福的事业。

做校长，修炼在平时

读到一个故事。讲的是东坡居士与佛印大师月下品茶。时皓月当空，东坡问佛印："你看我像什么？"佛印对道："居士像一尊活佛。居士看我像什么？"东坡见佛印着青衣盘坐，光滑的头上泛着青光，有意戏弄佛印，答曰："大师像一堆牛粪。"谁知佛印并不生气，微微一笑，招呼东坡："请喝茶。"东坡自鸣得意，回来跟苏小妹道起这话。苏小妹听罢，大笑道："兄长！你被佛印捉弄了，还蒙在鼓里。佛教《心经》上说'佛看是佛，看佛是佛；魔看是魔，看魔是魔；物即是心，心即是物'。佛印心中有佛，故看你为佛；你心中有牛粪，故看佛印为牛粪。佛印笑你是牛粪，所以让你喝茶，给你洗涤心灵呀。"东坡遂顿悟失语，掩卷细思，愈觉意韵深远。

这使我想到了我们的学校管理。作为校长，处其位谋其政。我们经常说，一位好校长即是一所好学校。思想有多远，就能走多远；胸襟有多宽，事业就有多大。那么，身处校长的位置，应该有一个什么样的心态？怎样看待学校的老师？怎样做一位好校长？或许，我们从东坡与佛印的智慧对话中，能够得到一些启示。

首先，学会识人用人。追求卓越管理，促进师生发展，提升自己的学校品质是校长的天职。什么是管理？许多专家学者下过不同的定义，其实，管理就是组织人才和塑造人才。对一个组织来说，人才是最核心、最有竞争力的因素，"为政之要，惟在得人"。从这个角度说，发现人才、培养人才、发展人才、使用人才，是校长需要终生修炼的功课。校长的眼光、校长的胸怀、校长的品格、校长的境界，决定了人才成长的土壤。美国心理学加德纳认为，在人的智力结构中存在九种相对独立的智力：言语——语言智力、逻辑——数理智力、视觉——空间智力、音乐——节奏智力、身体——运动智力、自我反省智力、人际交往智力、自然观察者智力及存在智力。从这个角度来看，每个人都有自己的优势智力，这也给我们识人用人带来积极的意义。现实中的每个人，都是缺点和优点的复合体，都有优点，也都有缺点。我们的管理要善于用人之长，补己之短。所以，当我们用佛的心境来识人时，则人人都是才，量其才而用之，必会风光无限；相反，如果用魔的心境来识人，则人人是魔，必以严律苛规管制之、束缚之、监视之，导致自己成为孤家寡人，必难成事。教育是一项充满智慧的事业，更需要伯乐式的校长，学会识人用人任人。

其次，学会换位思考。管理工作千头万绪，即使是最优秀的校长，工作中的问题也不会消失。面对问题，特别是复杂的棘手问题，校长要有一种处变不惊的心态，每遇大事要能沉下心来，才能理智应对；要学会换位思考，换种眼光看问题，换个思路解决问题，才会柳暗花明。从对方的角度来认识对方、理解对方，才会找到对话的资本、双赢的问题解决方法，同时也会使自己收获尊重。同样是人，在佛印看来，对方是佛；而在东坡看来，对方是牛粪。两人性情、禀赋、身份固然不同，但在各自眼中的物象竟是如此迥异，为何？心境不同。如果我们能够学会从东坡的心境中走出来，从佛印的角度看问题，也许更有可能找到问题的根源，甚至可以把问题当作资源或者思路，像庖丁解牛那样，处理问题才会游刃有余而豁然解之，因为基于问题的策略和行动往往更加有效。换位思考，正确取舍，是一种气魄和智慧。

仰望教育星空　脚踏实地思考

校长是学校远航的舵手，一所学校想要实现卓越发展和可持续发展，作为校长就必须具有远大的理想抱负、前瞻性的教育思想，要善于吸取先进的教育方法和理念。思想是引领学校深层次发展的动力，校长的思想则会给学校的发展注入文化的灵魂。作为新时代的校长，必须敢于思考，善于思考，乐于思考，用思想去探索，用思想去挑战，用思想去领导，以实现学校长远的发展。

仰望教育的星空，让梦想闪光；从教育现实和学校实际出发，让思考推动教育的发展。

一、学校办学，校长思想是关键

校长是学校工作的第一责任人，校长的办学理念决定着学校教育的发展方向，是学校发展的领路人。党和国家的教育方针需要通过校长在教育实际工作中得以落实，先进的教育思想、理念需要通过校长在教育教学实践中得以实现，这就决定了一校之长必须是一个脚踏实地的实干家，同时还必须是一个思想者。当代校长，若是对新形势下教育的理解不完整，就不能带领自己的教师队伍真正领会教育的真谛，体会不到教育工作所带来的乐趣。唯有思想，方能让校长成长为教育家，才能让校长以思想引领学校发展，促进教育进步。一位有自己思想的校长，也就有明确的办学理念，能够真正思考教育的未来，思考学校的未来。

校长的思想源于教育生活和实践，源于对教育的探索与思考，体现在所在学校的办学理念和学校的持续发展中，体现在校长自身的成长与成熟的过程中。一所学校的办学理念，是校长在不断学习、思考、发现、补充、完善中形成的。校长的办学思想体现在学校发展渐变中，渐变的过程就是校长对管理对象即教师、教育对象即学生的再认识。办学思想是校长理念、信仰和价值观在学校工作中的体现，是校长智慧和创造才能的展示。从事学校管理工作其实是一项复杂的系统工程，区别于其他任何一件事情，校长应该让每一位教师都体会到教书育人的快乐，这是社会变革和形势发展的需要。

校长应该有教育的智慧，有自己独特而又有深度的见解。校长应该用思想去管理，用智慧去管理。校长不但要有自己的办学理念，而且要把确定下来的理念变成教师们的思想，占领教师们的思想阵地，成为教师们的行动指南。

作为一所学校的校长，管理一所学校不容易，把一所学校管理好更难。校长工作的初期，应该虚心学习借鉴他人的经验；校长工作的推进期和成熟期，会生成自己的教学理念；校长工作走向杰出或者卓越时期，就必须将自己的教育管理实践共享和传播，在更大范围内产生广泛而又深刻的影响。真正成为一位有思想的校长，不是一件容易的事情，这要靠多年的实践体会和经验积累，更要靠文化理念来支撑，在文化理念下来管理。

以一个通俗简单的标准来说，成功的校长都是有思想的校长。

二、做一位有思想的校长，必须具备先进的办学理念

一位有思想的校长首先是一个拥有丰富教育思想、教育理念的人。学校是在先进的办学理念与切合实际的管理实践交互作用中不断发展的。作为学校灵魂的校长，应当是一所学校的精神坐标、思想高地。早在20世纪50年代，苏联教育家苏霍姆林斯基就提出：“一个校长对学校的领导，首先是教育思想的领导，其次才是行政的领导。”

办学理念是指教育者对于教育现象和教育活动的理性认识、理想追求及其形成的教育思想观念和教育哲学观点，是教育主体在教育实践、思维活动及文化积淀和交流中所形成的教育价值取向与追求，是一种具有相对稳定性、连续性、指向性的教育认识和理想的观念体系，同时也是学校历史积累和理性思维的结晶。学校的历程与现实是一种实然状态，教育理念是一种应然状态。从某

种意义上讲，学校管理就是不断从实然状态走向应然状态的历程。

理念是校长办学的灵魂。缺乏教育理念的办学实践是没有指向性和发展性的，缺少实践的教育理念没有价值生长点，教育理念指导学校的办学行为，而办学行为是教育理念的表现形式。校长的办学思想是学校的灵魂，引领着学校发展方向，每一位校长一定要根据学校的校情，不断形成体现国家教育方针的、现代的、个性化的办学思想体系。

校长的办学理念应该立足于教学实践，并且与时俱进。从当下来讲，校长应该通过新一轮课程改革的启动与不断推进来为学校的办学理念注入新的内涵。新课改理念是“为了中华民族的伟大复兴，为了每一个孩子的发展”，孩子的发展靠教师，教师的发展主要靠学校，学校的发展主要靠校长的思想引领。

现代的学校不仅仅是教师教书、学生学习的地方，更是师生精神和生命成长的地方。现代学校的管理不仅要关注教师专业水平的发展和学生文化知识学习的情况，更要关注师生在校园精神生活状态，不断提高师生校园精神生活的质量。教育思想和教育理念对于校长个体来讲，可以学习和借鉴优秀的思想和理念，当然更重要的是经过自己的思考而产生的符合学校发展实际的更深刻、更实用的教育思想和教育理念。作为校长，必须通过学习来吸取别人的长处，同时更要通过思考提出自己对教育的看法和主张，这是做一位有思想的校长的基础。

三、做一位有思想的校长，必须具备教育的人文精神

想要做一位有思想的校长，就必须具备教育的人文精神，北大蔡元培校长之所以成为北大的精神图腾，就是因为作为校长，他具备了教育的人文精神，奠定了北大百年以来的文化精神之基。中学校长更应该如此，在这个时代，教育想要突围，教育想要完成卓越发展，作为校长，就必须拥有真正的人文精神。

校长是做具体管理工作的，面对的是一些具体的矛盾和问题，面对的是具体的困难和挑战，任何一所学校都是如此，任何一位校长都是如此，没有一种人文精神的支撑，他是走不了多远的。有人说，思想有多远，就能走多远，校长的教育之路大抵如此。教育的人文精神内涵比较丰富，它包括敬业精神、创

新精神、勇敢精神、牺牲精神、执着精神等，这些精神支配着中国教育的工作环境，也决定着教育未来的发展，更决定着学校和校长的发展之路。

一个人不能没有精神，一个国家需要精神，一个民族需要精神，同样，一所学校也需要精神，一位校长更需要具备教育的人文精神。温家宝提出“让教育家办学”，正是基于这一点。一位好校长，就是一所好学校。纵观近年来走进人们视野的全国各地的一些名校，它们的盛名背后，无一例外地都站着一位优秀的、具备强大精神力量的校长。校长作为学校的学生之师、师中之师，应有个人的魅力、道德力量的感召，是学识的典范、人格的楷模。作为校长，应是一方贤达，有人格、有大爱、有思想、有修养、品行佳、口碑好。校长是一所学校的灵魂，他也应该是学校师生的精神领袖。校长的精神力量，是引领学校走向兴盛的力量源泉。

做一位具备人文精神的校长，应该具备宽容的民主作风，校长的民主素养决定教育的民主。在民主的背景下，学校才会出现和谐健康的人际环境，才会有忘我工作的教师。班级民主了，学生才会有集体的归属感，才会出现良好的校风、教风和学风。

做一位具备人文精神的校长，应该拥有深切的人文关怀。校长必须有深刻的人文理性和深切的人文关怀，教育学生成为一个精神世界和谐发展的人。科学发展的核心就是以人为本，人本主义教育的核心就是人文精神。学校是育人的场所，学校的管理应该是人性化的管理，应该体现深切的人文关怀。

做一位具备人文精神的校长，应该坚持公正的做人道德与品格。公正与公平既是校长的美德，也是校长的道德底线。校长应具有正确高尚的道德品质，能够全方位地调动师生员工的主动性和积极性，旗帜鲜明地倡导一种学校的良风正气，形成一种正确的思想理念。

做一位具备人文精神的校长，还要有坚强的意志性格和完善的人格魅力。教育的发展与变革之路漫长，充满了艰难与挑战，校长必须有坚强的意志，善于团结全校师生，冷静面对变换的环境，不断超越自我、超越外界。同时，校长应是师生的楷模，具有强大的人格魅力，这样才有强大的凝聚力。

教育需要一种人文精神的支撑，需要具有无穷的精神力量引领学校发展的校长，通过这种精神力量凝聚人心，共同去创造，把学校带入家长和社会所期望的理想境界。在他的精神力量的引领下，把学校引向成功。

四、做一位有思想的校长，必须具备深沉的教育智慧

著名教育家陶行知先生说："一个好校长也就意味着一所好学校。"现代学校需要智慧型校长。一位有智慧的校长，就会用他的智慧领导、管理好学校，也就有一个有智慧的学校。智慧的校长应该具有教育智慧、领导智慧和管理智慧。一位真正有思想的校长，他的教育思想、教育理念令人信服，他的教育精神令人折服，他的教育智慧更令人叹服。

作为一位有思想的校长，教育智慧就像皇冠上最灿烂的明珠，教育智慧能够真正让教育思想闪光，让教育实践具备生命力，让教育事业的发展更理性。没有教育智慧的校长，即使有丰富的教育思想和教育理念做支撑，即使具有丰富的人文精神，最终学校发展的进程和速度也将是十分有限的。

教育智慧是方向，决定着学校未来的面貌，校长应该成为领导者。领导智慧是校长智慧的核心之所在。校长必须对学校工作进行决策、策划和设计，因此校长应该具备战略的眼光，善于对学校发展做出前瞻性、长远性、全局性的思考和设计，具备领导智慧的校长才是一位智慧的校长。校长的智慧还体现在其管理智慧上。学校管理是为了一定的目的，运用一系列的管理手段，协调和整合学校各种教育资源，以有效实现学校工作目标而进行的一种组织活动。学校的资源可能是零散的、杂乱的，也可能是系统的、有序的，这考量着学校的管理水平和校长的管理能力，考量着校长的智慧。校长的有效沟通、协调，实现学校的凝聚和团结，学校管理才能出效益，富有智慧的校长才能办成智慧的学校。

校长的智慧来自长期的教育环境的熏陶和校长的自我修养。

首先，校长的智慧来自不断地学习、思考和参悟。校长要乐于学习，善于学习。不断学习的校长，才能适应时代发展的需要。校长不仅要学习现代教育理论，还要博览群书，丰富自身的学识底蕴，提高自身的文化修养。智慧的校长具有丰富的学识和人文涵养，掌握教育管理、学校管理和领导管理学科的系

统知识，掌握教育发展的学术、实验动态，明了自身和学校的天时、地利与人和因素，在学校管理方能得心应手。校长不仅要善于学习，更要善于思考、善于参悟。校长要在学习中善于迁移，在思考中善于参悟。校长要养成反思的习惯，对教育实践回顾、思考，进一步提炼和升华，勇于突破自我，突破传统，不断创新，敢为人先。只有善于反思和感悟，勇于创新，智慧才会更加丰富和完善。

其次，校长的智慧来自教育实践与行动。教育活动本身就是一项重要的实践活动，校长也只能通过教育活动，践行教育思想和办学理念。校长不能坐而论道，其成功的关键是积极地行动起来，开展大张旗鼓、轰轰烈烈的办学实践活动。只有行动起来，在实践之中，校长的教育思想和办学理念才能得以贯彻落实；也只有在行动中，在广泛的实践应用中，校长的智慧才能更加完善和丰富，才会不断叠加。校长要敢为，无为的校长不可能有成功的事业，不可能有教育的成就，他也只能是一位平庸的校长。校长的智慧就是要积极实践和行动，教育的智慧才能体现出应有的价值，才能真正发挥作用。

新课程理念下学校内涵发展的思考

高中教育作为连接基础教育和高等教育的重要阶段，它的改革与发展，关系到中华民族素质的提高和高层人才的培养，关系到广大人民群众的根本利益。国家提出课程改革的核心理念，是为了中华民族的复兴，为了每个学生的发展。并提出如下基本理念：

（1）主动适应社会发展和科技进步的时代需要，促进高中生全面而有个性的发展。

（2）加强高中课程与社会发展、科技进步及学生生活的联系。

（3）促进学习方法的多样化，发展高中生自主获取知识的愿望和能力。

（4）创建富有个性的课程制度和学校文化。

新课改是高中教育发展的最重要的时代背景和大环境，新课程理念是高中教育发展的根本指导思想之一，一所学校，应该在这些理念下，提升学校办学品位，推进学校内涵发展，形成学校独特办学风格。作为校长，在学校管理过程中，为了做到管理更严，质量更高，环境更好，结合现实进行思考，我认为必须认真遵循如下四个思路，推动学校的内涵发展。

一、积极主动用课改理念统领学校工作

高中新课程的实施不是我们校长可以选择的行为，而是需要积极的作为。从“适应社会需求的多样化和学生全面而有个性的发展，构建重基础、多样化、有层次、综合性的课程结构”的要求和实现既“进一步提升所有学生的共同基础，同时更为每一位学生的发展奠定不同基础”的目标来看，课程改革的

关键在实施，实施的关键在学校，而校长的思想认识则决定着学校在新课程改革中的发展质量和发展效果。在政府的推动、专家的引领、学校的实施这三种力量的综合作用下，真正的主体在学校，校长的作用更加明显。校长应在统一认识的基础上为学校整体工作进行全面的布局，在不断推进的过程中对每个环节进行互动的调适和完善，在保证教学的前提下进行有效的资源整合。从学校的实际出发，做好五项工作：

（1）规划学校的发展愿景和制定课改方案。

（2）建立课程开发组织，形成特色课程。

（3）建立科学的教学评价机制，发挥评价的导向作用。

（4）联系一个学生社会实践基地。

（5）搞好社团组织建设，切实让每个学生都有成长与发展的机遇。

二、重点用制度重建提升管理水平

一所学校的长期稳定发展，必须依赖于制度建设，制度是一所学校管理文化的凝聚。根据学校转型的现实和新课改的要求，作为校长，我认为学校必须在继承、发展和创新的基础上完成制度的重建和完善，努力提升管理水平，提高学校内涵发展的效果和层次。

学校的根本任务是教书育人，因此学校管理的重点在于课程管理及配套管理措施。新课程倡导学生在高中阶段可以选课，让学生建立适合自身发展需要的课程修习计划，学校还必须为学生提供丰富多样的课程资源，而课程的实施与管理是课程改革的关键环节。所以，如何建立与课程相配套的教学管理制度、考核评价制度、服务教学的措施，将成为学校的重要课题。目前我校在教育经费、师资队伍、活动场地、教学设备等多种因素的影响下，要重点处理新课程实施中教学管理的三对矛盾：

（1）为教学提供高质量的教师队伍与现有教师数量不足、结构不合理的矛盾。

（2）传统的教师工作量考核与新课程中跨学科、多兼课、活动课、校本课的质量的重新评价的矛盾。

（3）学校的合理办学需求与政府不能足量供给的矛盾。

要在学习和继承过去一些传统的好做法的同时，学习和借鉴先进省市和优秀的课改学校的学生成长档案袋办法、教师工作量考核制度、校本课程研发制度。

三、用课堂效率体现课程落实

课堂是高中课程教育最核心的实施阵地，课堂是课程的落实点，抓课堂效率是体现课程落实的重点，如果每一位老师的每一节课都是有效的，都是受学生普遍欢迎的，每一个课堂都成为学生与教师的生命对话场所，都充满生命的活力，那么课改就必然能够成功，也肯定能够创造出适合学生的教育。

从我校目前课堂教学存在的问题看，需要在三个难点上突破：

（1）突破等靠要的惰性思想的难点，由被动转为主动，力求使教师的认识有所提升。

（2）突破满堂灌的传统教学模式的难点，由教师一人讲转为合作学习，力求在自主探究方面有亮点。

（3）突破依靠教参教辅备课的难点，由依靠转为个人钻研、围绕学生实际的辅导，力求在集体备课上创新路。

四、用课程开发推动教师专业发展

校本课程开发已经成为课程改革的一项基本政策，这项改革赋予了基层学校和教师参与课程开发的权利，也促使教师由政策执行者向决策参与者的角色转变。从学校来说，有助于教师专业发展水平的提高和学校实现教育目标并形成自己的办学特色。从教师来说，一个学校校本课程的数量与质量也必然反映这所学校教师队伍的实力与水平。

新课程提出教师要具备的“六个课程意识”和“三个课程能力”中，都分别强调了课程的设计意识和课程开发能力，这实际上对教师的专业发展提出了更高的要求。所以，在新课程实施中，我们要努力做到用课程建设的需要来满足学生成长的需要和教师专业发展的需要，打造学校的特色文化，体现校本课程价值的追求；用教师专业发展的成果来推动校本课程的研发，并在研发的过程中体现教师的智慧和专业的发挥。具体的思路是：抓住强势学科，先起步，做示范；抓好队伍骨干，完善组织机构，制定发展规划。在教师专业学习活动中要强化六种学习方式：

（1）教研学习要以课例和案例为内容。

（2）行动学习要以问题解决为驱动。

（3）合作学习要以团队为基础。

（4）研究学习要以发现规律为追求。

（5）传承学习要以优秀教师为榜样。

（6）反思学习要以经验提升为目的。

课程改革是一个实践的过程，校长对课程的领导也是一个心智交融的过程。作为校长，我认为可以在这三点上勤下功夫：

（1）认真学习，领会课改精神，提升理论水平和业务能力。

（2）确定清晰的办学理念，制定发展目标，规划课程设置。

（3）创设民主、参与、合作、向上的第五实验中学学校文化，让师生在与新课程一起成长的过程中产生愉快的心理体验和追求。

教育事业的发展，必须与教育大环境和主旋律相契合。新课改是当前基础教育发展的最重要的背景，作为校长，应该认真思考新课程理念给学校发展带来的挑战与机遇，这样才能真正推动学校的内涵式发展。

思想引领发展　体悟凝聚智慧

作为一位校长，应该经常参加研修讨论活动。在这样的活动中，要主动做到理论联系实际，讨论联系管理，调研联系改进。我在感悟与学习中行走，在责任与追求中研修。通过学习与研修，我深深感到，对一所学校而言，必须依靠思想文化的构建来引领发展，作为一位校长，应该领悟教育，体验教育，形成教育的智慧，推动学校的深层次发展。

每一位校长的思想，就是一种办学文化和理念的展示，能够引领一种发展思路；每一份报告，都会给教育之路带来不一样的启示，借鉴他人的智慧，就能推动学校的发展。体悟别人的经验，形成自己的智慧，让校长工作更加有效，让学校发展更加优质。

一、深度建构——让学校文化成为学校灵魂

学校文化是学校发展的灵魂，只有完成学校文化的深度建构，对学校文化建设的意义和价值进行再认识，进行深度理解，从中探寻到学校文化建设的思路，才能真正达到文化立校的目标，让学校在文化的引领下进步和发展。

文化是学校建设最高层次的内容，在对学校文化的理解和认识上，作为校长，应该看得更深刻，理解得更具体。综合而言，我个人对文化的理解如下：

（1）文化是一种重要的力量。

（2）文化是对当前社会发展方向、方式的把握。

（3）文化具有重要的针对性、现实性。

（4）学校是文化的存在。

理解的目的是为了建设，在学校文化的具体建设思路上，我认为应该针对如下四个问题来解答：

（1）文化建设是为了什么？——落实在学生发展上。

（2）文化依靠谁？——教师、学生成为文化的建设者。

（3）文化建设的方式是什么？——形式与内容结合，内涵与精神共存。

（4）学校文化建设的重点是什么？——课程与教学、学生。

有人说，文化没有脚但可以到处走，没有翅膀但可以到处飞。这种观点很形象地指出了文化的特点和某些本质，有助于对文化进行深度理解与解读。对文化核心特点和本质进行解读，能够更加深刻地认识文化。

（1）文化的实质就是人化。

（2）文化的核心是价值观。

（3）文化是体与魂的统一。

（4）文化是有民族差异的。

（5）文化是基于地域特点的。

（6）文化是一个复数，不是一个单数。

（7）文化是人的生活方式。

（8）文化是一个故事。

（9）文化的灵魂就是创新。

（10）文化就是大家认同了，大家行动了，大家形成习惯了。

文化是一种人文沉淀，它的形成需要积极的推动，更需要长时间的积淀。我们大部分学校在文化建设上，没有真正体现出文化的内涵，反而呈现出一种文化建设空洞化的趋势。当下，我们校园文化呈现“三有三无”的特点：

（1）有文字无文化——标语增添了视觉的风景，未能真正进入学生的心灵。

（2）有文化无主题——表达支离破碎，缺少血脉联系和有效呼应。

（3）有主题无自我——缺乏校本个性特色，不是内容的积淀，而是复制。

同时，校园文化内容也呈现“三多三少”的特点：

（1）同质文化多，个性文化少。

（2）预设文化多，生成文化少。

（3）静态文化多，动态文化少。

每一位校长都应从责任担当的高度、理性思考的深度、鉴别选择的角度去建设学校文化，形成文化自觉。

通过对学校文化的思考，我开始重新认识和建构校园文化发展思路，从更加全面的角度认识学校文化，多方位、立体化建设符合学校发展需求的学校文化。文化是学习发展的灵魂，只有从深度上完成校园文化的构建，才能真正实现学校的内涵发展。

二、媒体沟通——为学校发展营造良好环境

校长职位看起来似乎很风光，实际上校长的工作处于一种“压力大、难题多、要求高”的现实情况下，尤其是在媒体高度发达的今天，了解媒体，与媒体建立密切友好的关系，服务学校，无疑是校长必须做好的工作。在校长与媒体关系定位上，应该认识到彼此关系的本质是“非敌非友，无隶属关系，挑战者与合作者”，校长应有的态度是“善待媒体，善用媒体，善管媒体”。为了学校的发展，校长应当与媒体主动联系，进行有效沟通，而不能拒绝联系，避而远之。

有人对信息时代的领导力提出了六个方面的能力：战略规划能力、情感运用能力、传播沟通能力、复合领导能力、国际交往能力和学习创新能力。可以看出，校长的传播沟通、交往协调能力是必不可少的。学校积极适应信息时代的要求也是现代学校建设的重要内容。如何宣传学校，如何扩大学校的影响力，要做到“三个转变”，即由“只做不说”转变为“又做又说”，由“拒绝采访”转变为“欢迎采访”，由“等待媒体”转变为“邀请媒体”。面对危机时要做到“三要三不要”，即要多用事实，要多举实例，要引用数据；不要说官话套话空话，不要讲绝对的话，不要轻易下结论。

“危机是一种使组织或个人遭受严重损失或面临严重损失威胁的突发事件，是组织或个人命运转机的分水岭。”近几年来，学校的收费举报、学生的意外伤害、教师违规补课等事件频发，树立教育的好形象，树立学校的好口

碑，最终的管理就是预防危机的出现，学校要做到“四有”：有危机假设的意识，有检查监管的机制，有隐患排除的措施，有反思完善的系统。一旦出现危机，要智慧地按六个流程应对，即信息告知，适度应合，应对疏导，改变状态，重建关系，转危为机。

总之，一个学校的品牌效应就是家长、社会对学校的信任度，当正面的信息量大的时候，负面信息就会自然减少，这些规律告诉我们，封闭的办学、落后的意识不能造就名校长、名学校。

这是一个信息爆炸的时代，信息交流互动频繁，学校作为文化教育机构，必须主动认识和顺应这一时代趋势。作为校长，更应该好好借用媒体的力量，推动学校的文化发展。不管是想要打造品牌教育，还是促进学校的内涵发展，都必须重视媒体的作用，让媒体成为宣传教育理念、宣传学校品牌、宣传办学思想的重要途径，而校长作为学校的代言人，要学习面对、接触和管理媒体的经验，让媒体力量成为学校宣传的主流渠道之一。

三、全面提升——强化校长的课程与教学领导力

课程与教学是学校的基础工作任务之一，直接决定着一所学校的教育发展质量。校长是学校的领导核心，校长的领导力，对于学校教育的发展有着决定性的作用。因此，校长必须注重个人能力的全面提升，强化对课程与教学的领导力，这样才能更好地领导学校发展，提升学校教育教学的发展质量和发展水平。

在课程领导力，校长要把握好五个方面的内容：

（1）控制基础型课程的有效适度学习。

（2）开设拓展型课程的兴趣丰富学习。

（3）关注研究型课程的参与体验学习。

（4）混合编班前提下有效的差异教学对策，以保证每个学生的充分学习。

（5）从特色项目到特色课程。

要提升课程领导力，必须认识到现代课程思想是三个同心圆：内圆——核心课程，支持继续学习能力；中圆——素养课程，适应未来生活能力；外

圆——特需课程，满足特殊学生的特别需求。

在教学领导力方面，要重点提升校长的观课评课能力，校长对课堂的评价分为三种水平：

（1）形式分析水平——现象的分析，就事论事。

（2）意义分析水平——透过现象看本质。

（3）教学价值观分析——课程观、教学观、质量观、学生观。

社会评价校长，基本上可以用三个关键词来表达：知名度、话语权、影响力，这是一位名校长必须具备的“三要素”。

教师队伍质量是学校发展的保障，作为校长，必须重视和关注教师的专业发展，引领教师的专业发展：

（1）教师要从关注教法到原创教学，编一本教案集。

（2）要从原创教学走向学科研究，写一本自己的学科教学论，走上学科教学高地，只有这样才能成为名师。

课程和教学作为学校的核心工作，校长必须给予充分的重视，并且要努力发展和完善在课程和教学方面的领导力水平。构建和完善课程，重视和推动教学，培养优秀专业的教师队伍，是体现校长领导力的重要表现，也是作为一位校长需要重点思考的问题，这个问题直接决定着学校的发展质量与前景。

四、科学生活——积极的心理压力缓解与调适

校长工作压力大，因此在日常工作、学习和生活中，校长应该学会以科学的生活态度面对工作，积极缓解与调适心理压力。校长只有保持心灵的轻松，才能以更好的状态思考学校的发展，关注学校的进步，做好学校的每一项工作。

要想减轻来自方方面面的压力，就必须认真分析压力源。

（一）压力源

校长的压力源主要有以下几个方面：

（1）教师难管——要不到，留不住，赶不走。

（2）家长难处——评比多，检查多，成就少。

（3）学校难待——评比多，检查多，成就少。

压力源调查分析：与未来有关的占40%，与昨天有关的占30%，与其他人有关的占20%，无关紧要的占10%，值得考虑（可控）的占4%。

校长的压力成因：

（1）缺乏人际支持。

（2）不合理的想法。

（3）身体僵硬。

（4）情绪压抑。

（5）忽略自己的需要。

这些调查数据和成因分析说明：快乐生活是自己创造的，很多压力是由不可控因素造成的。如果把人际关系、身体健康、精神、成就作为四边形的边，每一条边都决定着这个四边形的大小。

（二）压力应对策略

倾诉是压力释放和缓解的重要途径，主要方法有：

（1）以不损人利己为前提。

（2）以适合自己为首选。

（3）以悦己怡人为上选。

（4）以经济方便为原则。

合理倾诉会改变一个人的认知，所以有研究说，我们的烦恼不是源于我们的遭遇，而是源于我们对世界的看法。一个人的世界是由他所关注的事物组成的。校长也应该学会倾诉，学会把自己的压力适度缓释出来，才能以更好的精神和身体状态做好工作。

（三）快乐策略

如何变得更快乐？研究表明，影响圈是能控制、能改变的“事物集”。影响圈外的关注事物则是形成压力的因素。

快乐就是更加关注好事物，要想快乐，就要做好如下三点：

（1）美好需要关注。

（2）幸福需要提醒。

（3）每天记三件好事。

校长必须养成健康科学的生活方式，才能以更加良好的心理状态面对工作。作为校长，应该学会主动调节生活和工作的压力，构建理性的生命认知，把精神和心理状态调节到良好，从而更有效地思考，更有力地推动教育事业的发展。

改变脚下的土地，需要辛勤的耕耘；直击心灵的震撼，期待变革的行为。校长要主动思考、学习与交流，在追问中交流思想，在思考中设计明天，在互动中展示亮点。校长参与交流，应该学有所得，思有所获，行有目标；通过思维方式的转变，在理性思考上有深度感悟，引领学校更快更好地发展。

磨炼促成功　创新促发展

学校教育改革与发展，教师是基础，校长是关键。正如李岚清同志所指出的："一个好校长，带领一批好教师，就能办出一所好学校。"教育之路漫长，作为校长，必须有所追求，才能有所成就，那么如何才能实现由普通校长、教师向名校长、名教师的转变？《名校长名教师成功与发展》一书为我们提供了答案。

《名校长名教师成功与发展》是《名校长名教师成功研究》丛书中的一部，由我国教育管理、校长培训研究专家王铁军教授主编。这部书着重探寻了名校长、名教师的成长规律和成功机制。该书从名校长、名教师的成功类型及特点，名校长、名教师的共性与个性特征，名校长、名教师成长历程的关键期和突破期，名校长、名教师的专业化发展，名校长、名教师成功的内在因素及思维特质等多个层面进行深入细致的研究，从而发现名校长、名教师成长的基本规律。该书还从组织保障、环境支持等诸多方面对名校长、名教师成功机制进行研究，从而发现名校长、名教师成长的有效规律。该书还成功地运用了比较研究方法，对中美名校长、名教师进行比较，探讨了我国名校长、名教师更为有效的成长机制。这部书为我国教育工作者研究名校长、名教师的优秀个案及成长规律、成功机制提供了借鉴。

作为一位中学校长，认真阅读这本书后，我感触颇深，认识到名校长是在磨炼的基础上取得成功，在创新的基础上获得发展的。在总结自己工作经验和借鉴其他名校长成功经验的基础上，我认为可以从以下几个方面入手，努力实现自己由普通校长向名校长的转变，实现教育的梦想追求。

一、在理念方面，要确立校本化的发展理念

综合分析名校长的成长历程，我发现名校长的成功首先在于能高瞻远瞩，高屋建瓴，根据社会主义教育方针和上级教育行政部门的要求，从学校和当地社区、乡镇发展的实际出发，提出独树一帜的校本化教育思想和办学理念，设计出学校近期、中期和远期的发展目标及发展远景与蓝图。校长不仅仅扮演管理者、执行者的角色，更重要的是自觉地承担起学校领导者、决策者的角色，成为一位有远见、有思想的校长。正如日本管理学家镰田胜所说："仅仅以我为中心，思想水平低下的领导是不会长久的。相反，经常考虑整体，有崇高理想的领导才是强有力的，甚至有时具有深远的影响力。"

成功校长不是唯书唯上，人云亦云，也不是盲目地、机械地模仿、搬用别人的经验和做法，而是要坚定不移地确立自己的教育思想和办学理念，并使之转化为全校教职工的教育行为和管理行为。

上海育才中学老校长段力佩认为"教育的侧重点在'育'，教学的侧重点在'学'"；建平中学校长冯恩洪的"选择教育"，让学生在选择中成长，在选择中发展；常州国际实验学校校长万小平"把学生的差异当作资源来开发，让每一个学生都能适应未来"；华士实验学校校长吴辰主张"师生结伴成长，同心、同乐、同行，让学校成为师生的精神家园"等，这些具有个性特色的校本化的教育思想和办学理念，都已成为这些学校师生员工共同的精神财富，也是成功校长对学校文化建设所做出的重要贡献。

二、在管理方面，要走向人文式管理和开放式管理

1. 人文式管理

传统的学校管理主要表现为控制性管理，学校领导对教师和学生的行为采用管理、训斥、命令、指示等刚性管理手段，在一定程度上束缚了被管理者的个性和创造才能。而新课程一个非常重要的理念是"以人为本"，就是"以学生的发展和教师的成长为本"。因此，在学校管理中，要确立以尊重人、激励人、发展人、成全人为出发点和归宿的人本思维；要把师生真正当成服务的

对象，采取尊重、信任、理解、宽容、引导、沟通、对话等柔性管理手段，使师生感受到民主、平等、亲情、友爱。在此基础上，全面加强校园管理文化建设，创造具有亲和力的学校人文生态环境，创造和谐、友善、亲切、融洽的教学氛围，使学校成为师生满意、留恋的地方，使广大教师和学生真正成为学校的主人，在学校教学改革和教学管理中发挥主人翁的作用。

2. 开放型管理

作为一位校长，要将“学校是生命力生成的场所，是教师和学生成长的乐园”这一理念贯穿于整个管理过程，使学校管理逐步走向开放型管理。

一是要学会“关注”，作为校长就是要关注学校存在的主体——教师和学生。为教师成长营造宽松和谐的工作环境，构建积极向上、健康和睦的人际关系；为学生发展创设必要的条件，把落脚点放在“一切为了孩子健康快乐成长”上。

二是要学会“创造生命的乐园”，就是促使教师学会分享，学会合作，学会促进，学会提高；促使学生学会认知，学会做人，学会生活，学会生存。

三、在角色定位方面，要做好教师服务者、教育思想者、教学规划者和教育质量监督者等多重角色

正确认知和科学定位校长的角色，是校长成功规律的前提，也是开展各项工作的起点。一位好的校长应当做好以下几种角色的扮演：

（1）教师的服务者。这是由人本化管理所决定的。校长要将教师看作顾客，强化顾客和服务意识，为教师工作创造一个良好的环境。

（2）未来的谋划者。这决定了校长不仅要成为办学实践者，而且要成为教育思想者。校长的目光是紧盯眼前，还是认真研究社会发展，谋划学校未来，在当前急剧转型期，是区别优秀校长和普通校长的重要标志。

（3）教学规划者。制定规划是教育管理工作的一个重要环节，其本质是选择目标、拟订方案的过程，而规划则是学校发展的方向和蓝图。因此，校长要科学地制定教学规划，并吸引教师参与教学规划的制定，使他们能够认识到规划的重要性，并积极贯彻落实下去。

（4）教育质量监督者。教育质量是一切教育活动的生命线，是教育工作永恒的主题。因此，校长要扮好教育质量监督者这一角色，切实提高学校教育工作的质量、教师的质量、学生的质量等三个重要指标。要改变过去一切以分数、升学率等为主的观念，将学生的德、智、体全面素质的提高作为工作的重点。

四、在对自身的要求方面，要努力提高自己的素质和能力

“一个好校长就是一所好学校。”这既是对校长作用至高无上的评价，也是对校长提出的更高要求。因此，校长要按照现代校长的素质条件，严格要求自己。思想上，要按照中共中央“三个代表”重要思想和“八荣八耻”的要求，努力学习党的先进理论和基本知识，不断提高自己的政治思想觉悟和道德素质；道德和修养上，要树立强烈的事业心、责任感和献身精神；学习上，要刻苦学习教育科学知识、心理科学知识、管理科学知识、政策法规知识和自己的专业知识；能力上，要努力提高自己的各种能力，包括决策能力、组织能力、交际能力、语言表达能力等。此外，还要努力提高自身的心理素质和身体素质，为努力工作奠定良好的基础。

当前，深化教育体制改革，全面推进素质教育是党中央的一项战略选择。作为一位中学校长，我深刻认识到有责任与义务为教育的现代化贡献自己的力量。诚然，成为知名校长毕竟是少数，但只要不断地努力，自己总会有成就感的，成为名校长是我的教育梦想与教育追求。志当存高远，在教育领域更应该如此，我要扎实地做好本职工作，深度思考教育和学校的发展，带领学校不断开拓进取，不断发展，一步步朝着梦想前进。

构建和谐学校　推动学校发展

和谐社会是中国现代化社会的最高价值核心和最高社会境界；构建和谐学校是构建和谐社会的必然要素，构建和谐学校的要求，就是要把学校建成一个能实现师生和谐相处，实现学校和教师、学生的双赢的理想、稳定、融洽的团队，就是以科学发展观为统领，实现师生关系、干群关系和家校关系的和谐，促进人的全面发展，实现学校的可持续发展。

作为校长，应该从理论与实践的结合上构建和谐学校，坚持科学发展观，促进学校的可持续发展。

一、和谐学校的内涵

“和谐”一词从字面意思上讲，是配合、和睦、融洽的意思；从意义上讲，是多样性相互包容、相互协调而形成的一种状态、境界和目标。就学校而言，和谐意在建立一个和谐的个班级，这些班级是我们学校的未来。构建和谐学校首先是构成学校的各个班级师生和谐相处，学生与学校之间统筹兼顾，协调发展，体现出集体与个人的根本利益和共同愿望。构建和谐学校，就是要把学校建成一个能实现师生和谐相处，实现学校和教师、学生的双赢的理想、稳定、融洽的团队。构建和谐学校体系庞杂，但核心是公平主义，是规模、结构、质量、效益的关系问题和如何优化配置校内外教育资源的问题。

发展目的是为了使师生能够快乐地教育与学习。

发展目标是在追求稳定的基础上，着重于激励，着重于营造学校的活力和创造力，踏着稳定的基石，追求学校和谐。

从具体做法上，着眼于启动全校师生的力量，让每一位师生既能增强主人翁意识，爱校乐教（学），奋发努力，又能富有强烈的责任感，为创造团结互助、平等友爱、融洽和谐的学校环境贡献力量。努力在全校营造出“尊重劳动、尊重知识、尊重人才、尊重创造”的氛围，要为全体师生提供平等的发展机会，鼓励师生一切事情从自己做起，共同为学校发展献计献策，锐意进取。

二、和谐学校的特征

通过先进性教育的学习，结合我校的实际情况，认真地对学校的现状做了仔细研究和分析，我认为以下三个方面，从不同的角度和层次体现了和谐的特点。

1. 依法治校，协调合作

和谐学校首先表现出的应是以人为本，教职员工当家做主，教师的独立人格和民主权利得到充分维护和尊重，教师的知情权、参与权、意志表达权、民主监督权和话语权得到充分的维护和尊重。在民主得到充分发扬的基础上，学校各方面的积极因素广泛调动。同时，和谐学校还应是服从于国家的基本路线和基本法则，切实遵守民主集中制制定政策，从而在依法治校的基础上实现校内民主，实现团结协作。具体做法包括：学校的方针政策必须通过有全体备课组长、年级组长参加的中层以上领导会议通过来制定；班主任采取竞聘上岗，由本人竞标，全体老师投票选举；任课教师由班主任和老师自由组合；学校各部门之间本着分工合作的原则来开展工作；我们的工作口号是：团结一致，协调工作，共同提高，共同发展。

2. 公平正义，诚信友爱

公平正义是人类社会追求的永恒主题，诚信友爱是我国公民道德建设的基本要求。我们在构建和谐学校的同时努力兼顾各方面的利益关系，正确处理好内部矛盾和外部矛盾，紧紧抓住影响公平正义的主要矛盾，在教职工收入分配上本着向一线教师倾斜，向班主任倾斜，向好教师、有贡献的教师倾斜的原则，实行相对的公平、公正、公开；在用人制度上实行地位、机会、机制公平，鼓励年轻教师勤奋学习，努力工作，重点培养和起用年轻教师；在学校真正实现正气压倒邪气，努力使教育、教学和管理符合科学发展观；能够真正实现制度管理和情感管理的有机融合。

3. 充满活力，安定有序

和谐学校应是一所充满活力、安定有序的学校。这体现在学校能用科学的方法管理教师，教师能用科学的手段教学，学校能依据市场化法则建立起竞争激励机制。这要求我们要努力学习，不断转变思想观念，真正用共产党员的先进性严格要求自己，努力摆脱和超越既得利益者的束缚，坚持“四个尊重”，即尊重知识、尊重人才、尊重劳动、尊重创新，从而在我校营造一种创新愿望得到尊重、创新活动得到支持、创新才能得到发挥、创新成果得到肯定、创新劳动得到回报的和谐活力氛围。

三、和谐学校的构建思路

1. 以科学发展观为统领

构建和谐社会，涉及政治、经济、文化思想和社会协调等各个方面，千头万绪，从其内部联系来看，应该以科学发展观为统领，切实做到“统筹城乡发展、统筹区域发展、统筹经济社会发展、统筹人与自然和谐发展、统筹国内发展和对外开放”的“五个统筹”。构建和谐学校，就是要将物质文明、政治文明、精神文明、生态文明建设与学校发展统一考虑，寻求更大范围的统筹。学校发展要引领时代潮流、与时俱进，只有在和谐中才能发展，也只有在发展中才会更加和谐。

2. 以实现“三个和谐”为关键

和谐学校首先是人际关系和谐。我国古代名著《大学》开篇即言：“大学之道，在明明德，在亲民，在止于至善”，其中蕴含着丰富的师生关系、干群关系和家校关系。构建和谐学校，关键在于以构建和谐的师生关系为根本，以构建和谐的干群关系为重点，以构建和谐的家校关系为拓展，全方位达成构建和谐学校的目标。

师生和谐是构建和谐学校的根本，是学生获得知识的前提和关键。尊其师、重其道；亲其师、乐其道，和谐的课堂氛围常常是良好师生关系最直接的体现。所以，教师要像热爱自己的子女一样热爱学生，并且要了解每一个学生，相信每一个学生，尊重每一个学生，激励每一个学生，善待每一个学生，教好每一个学生，依靠每一个学生。同时，学校也应该要求学生热爱老师，虚心求教，尊师重道。尊师主要是要尊重教师创造性的劳动，唯有这样才能建立起和谐、民主、平等、新型的师生关系。

干群和谐是构建和谐学校的重点，要使干群和谐，必须做到以下几点：

（1）倡导做到“五要五不”：要互相信任不猜疑，要互相交流不隔膜，要互相支持不拆台，要互相谅解不指责，要互相关心不冷漠。相互之间坦诚相处，营造既有直率的批评与自我批评、又有信任与支持的和谐氛围，从而聚合起一种能发挥整体战斗力的优势。

（2）提倡做“三种人”：使领导宽心的人，不把难题上交；使下级舒心的人，不把责任往下推；使同事放心的人，不在背后搞小动作。

（3）善于“经营”人心：在处理干群关系时，管理者要十分注重把人心当作一项伟大的工程来“经营”，用光明前景激发人心，用丰厚待遇留住人心，用人文关怀温暖人心，用教管结合净化人心，用坦诚相待交换人心，用高尚人格凝聚人心。

（4）正确处理几种关系：校长有权不独揽，支部监督不越权，工会协商不包办，副职执行有主见，中层办事要高效，一切围绕目标转。家校和谐是构建和谐学校的拓展，要建立和谐的家校关系，学校要采用“走出去，请进来”的策略，加强家长和学校的沟通与联系。“走出去”，就是要求学校多对学生进行家访；“请进来”，就是邀请家长代表参与学校的管理，参与学校各项制度和发展规划的制定，让家长为学校的发展出谋献策，让家长更好地了解学校、了解学生。这样，既能融化阻隔在学生、老师和家长之间的“冰山”，又能加深家长对学校工作的理解和支持，和谐的家校关系也得以建立。

3. 以促进人的全面发展为基础

构建和谐学校，从根本上说应该着眼于人，这不仅仅是因为社会是以人为细胞组成的，更是因为人的自由全面发展是社会主义社会的本质，社会的发展从根本上依赖于人的发展，教育就是为了培养符合时代需要的新型人才。构建和谐学校，必须坚持以人为本，要特别关注人的需求，致力于人的健全，实现人的发展，千方百计地关心人、团结人、引导人、凝聚人、鼓舞人，使得每位教职工、每名学生在愉悦的环境和愉快的心境中充分发挥潜能。保持和谐的人际关系，形成一个积极向上的群体。

总之，构建和谐学校，就是要深化教育改革，提高管理水平，推进教育创新，实施优质教育；就是要坚持以人为本，树立全面、协调、可持续的科学发展观，走内涵发展之路。全面建设高质量、有特色、现代化的和谐学校，既是构建社会主义和谐社会的必然要求，也是促进学校发展的唯一途径。

做最好的自己（一）：校长理念发展篇

国之兴旺，根源在教育，教育之希望，根源在教师。有一位好校长，就有一所好学校，因为校长在学校里是管理者、指挥者，在各项工作中起核心、主导作用，而且，每一所学校都有自己的特点，校长必须因地制宜确定自己学校的模式，而不能完全照搬别人的模式。因此，我在担任校长过程中，不断学习，充分理解了校长应具备的理论素养和能力素质，也充分理解了“教育的发展关键看学校，学校的发展看校长”这句话。校长要善于学习，要有适合于校情，适合于学生发展的办学理念，唯有如此，学校才有生机和活力。我认为，一位优秀的校长，在领导学校发展过程中，应该具备以下几个理念：

一、做最好的学校，走内涵发展之路

走内涵式发展道路是办人民满意教育，确保新课程改革、新高考改革成功的必然选择。内涵式发展的本质特征是“生成”，湖南省郴州市第十五中学（以下简称“我校”）在创造各种条件的基础上，形成了自己的发展动力、氛围和态势。一是追求质量的发展；二是追求精细型发展，在事关学校发展的每项工作上都力求精雕细琢；三是追求特色发展，实行“优质+特长”策略，将办学特色放在学校改革与发展的突出地位，在特色的形成和品牌的培育中实现“三年树形象，六年争创一流，十年成品牌”的办学目标，使学校上升到更高的水平，达到“做最好的学校”的目标。

二、做最好的教师，走享受幸福之路

教师的幸福是教师职业道德建构的出发点和归宿，只有幸福的教师，才能给学生幸福和指明幸福的方向。学校倡导教职员工要有高度的责任心和强烈的爱心，具备“三心”观（尽心、精心、静心），弘扬“三爱”精神（爱祖国、爱学校、爱自己），让教职工走上享受幸福之路。着力打造“四个工程”：第一，打造“师德师风培养工程”，创新师德培养方式，化静态学习为动态培养，将师德纳入年终绩效目标考核、评级晋级考核、选拔任用考核内容，增强教师教书育人的责任感和使命感。第二，重视新进教师“入口工程”。学校对学科人才开辟“绿色通道”，抓好“三个入口关”，吸收优秀教师到我校创业奉献。①敞开校门，向省内外招考（聘）教学经验丰富的骨干教师；②面向六大部属师范院校招聘优秀免费师范生；③面向全国招聘优秀大学毕业生。第三，落实教师“继续教育培训工程”。①定期组织教育理论、新课程理念、信息技术和普通话等的学习培训，实现教师知识更新；②采用“走出去，请进来”的方法，或派出学习培训，或邀请专家和教研员来我校开展讲座、评课等活动；③加强校际交流，互相学习、互相提高；④对中青年教师开展“传帮带”结对帮扶活动，开展“青蓝工程”，建立学习和培训制度，在教师参加进修、学习培训、教科研活动和比赛等方面，全力扶持，提供成长平台。第四，优化教师“竞争激励工程”。学校在加强教师业务培训，提高教师业务能力的同时，对教师实行年级组分层管理，年级组下分备课组和班级，各类考试、学生评教，教师按备课组，学生按班级进行量化考核。同时，推行年级组选班主任、班主任选教师、班级进行分组的管理模式，强化了教师的竞争意识，调动了教师的积极性。

三、做最好的学生，走“先成人，再成才”和谐之路

“让学生做最好的自己”，是由“三个维度组合成一个整体”。这三个维度是感恩知礼、阳光健康、学习进步。

学校利用节假日组织学生深入农贸市场、建筑工地、超市、医院等公共场

所，了解各行各业劳动者的工作内容、工作艰辛程度等，回校后，要求每名学生写心得体会，每个班级撰写调查报告。学校通过系列活动的开展，让学生认识到正确的世界观、人生观、价值观和高尚的道德情操，学生在潜移默化中受到熏陶和感染，心灵也受到洗礼，良好的校风、学风、班风逐步形成，有效地促进了学生养成教育的全面实施。

四、做最好的家长，走“家校共同体”的特色之路

学校提出建设“家校共同体”，呼吁每一个家长做最好的自己：做一个有品位的家长，一个善于沟通的家长，一个有责任、有担当的家长。家长不仅要注重自身的素质，也要言传身教，给孩子的终身发展做好表率。

学校在创建“家校共同体”特色之路上，一是创新管理，聘请“家长督学”。通过家长督学、家长委员会，让家长充分参与学校管理；二是互通互联，加强家校联系纽带，每学期安排班主任、科任教师进行家访，特别是对学困生的家访；三是凝心聚力，探讨“家校共同体”新思路。学校依托“万华讲堂”，邀请家长进行讲座，充分沟通交流，并通过家长学校宣传正确的教育思想，弘扬中华民族的优良传统，普及家庭教育科学知识，成为广大家长了解孩子生理、心理发展，掌握科学的教育方法和技能，协助学校共同促进学生健康成长的主要窗口。

参考文献

[1] 杨平科. 现代初中学校管理策略之探究 [J]. 华章，2013（22）.

[2] 毛德华. 初中学校管理的内涵建设探究 [J]. 科研，2016（9）.

做最好的自己（二）：教师队伍建设篇

郴州市第十五中学是于2001年由郴州粮食中专转制改办基础教育的，主要举办初中教育，2016年兴办高中。学校于2016年起荣获“全国生态文明教育示范学校”“全国青少年校园足球特色学校”“全国零犯罪学校”“郴州市文明校园”和“郴州市教育教学质量进步奖”；学校位于郴州西区新城，东临市政府，西邻高铁西站、北湖机场，地理位置优越，校园环境幽雅，学风严谨，校风淳朴，是冉冉升起的教育明珠。

2016年秋季，在校学生1300余人，到2018年秋季，初中部三个年级、高中部三个年级预计达到3300人，学生人数两年之内净增2000余人；教职工也从2016年的120人达到2018年的260余人。

学校的教研教改以前可谓一穷二白，截至2016年没有一个教研课题。2015年全年发表论文仅34篇，2016年1至6月仅6篇；2016年下半年到2018年，学校有课题研究4个（其中省级课题2个、省级子课题2个），发表论文128篇。

我到郴州市第十五中学任校长以来，主要从“画饼者”“做饼者”“分饼者”这三个方面着手进行教师队伍建设。

一、校长应是一个“画饼者”

“画饼者”应该是一个梦想家，学校是梦想家实现自己梦想的乐园。“画饼”既是科学，也是艺术。

一是规范。韩愈在《师说》里说“师者，传道授业解惑也”；习近平总书记指出要做“有理想信念、有道德情操、有扎实学识、有仁爱之心的好老师”，中共中央、国务院《关于全面深化新时代教师队伍建设改革的意见》也指出，“公办中小学教师要强化政治责任、社会责任和教育责任。因为教师承担着传播知识、传播思想、传播真理的历史使命，肩负着塑造灵魂、塑造生命、塑造人的时代重任，是发展教育的第一资源，是国家富强、民族振兴、人民幸福的重要基石”。学校抓住了立德树人这一着力点，大力加强师德师风建设，着眼学生发展，关注生命成长，着力建设富有生长气息、生命气息、人文气息的德育文化，让德育真正走向人本，走向温馨，走向心灵，为学生的幸福人生奠基。

陶行知终身实践的宗旨是“千教万教教人求真，千学万学学做真人”，学校坚持“三爱”“三心”教育，即旗帜鲜明地讲爱国，大张旗鼓地扬爱校，坦坦荡荡地说爱己；工作中做到尽心、精心、静心，倾力“传道”。

二是规划。学校坚持“做最好的自己”的办学理念，努力“办大家满意的教育”，弘扬“新、润、实、诚”的十五中精神，笃从“师德润校，质量强校，安全立校，管理兴校，文化亮校”的办学策略，学习贯彻习近平新时代中国特色社会主义思想和党的十九大精神，谋划“奋进之笔”。

学校培养“优质＋特长”的全面人才，注重培养感恩知著、阳光健康、学习进步的学生，注重一生一特长的培养，实施立体式爱心教育，用爱心办教育。

二、校长应是一个“做饼者”

“做饼者”要将梦想变成现实，必须善于做好“加法”和“减法”。

善于做好“加法”。一是善于平台打造，学校邀请了省教师工作中心主任龚明斌、衡阳师范学院教授凌云志、山西名校长常玉玺、中国名校长郴州市第一完小校长万淑兰来校传授先进的办学理念和教育成果，用专家之口传达校长之心声，要善于借力打力；学校成立“致远读书会”，让老师们明白“读书，从来就是为幸福生活添砖加瓦的事情”，学校开展“读书漂流计划”，每年由教师指定自己喜爱的书目，学校统一购买，阅读完后以交流共享；二是大力推进阅读进课堂活动；三是着力于新进老师培养。四是注重创新引领，开展作业改革、课程改革，要求师生同考；五是强调建章立制，打造好行政团队，注重

“执行力就是生产力”。

善于做好减法。一是全员竞聘上岗，在学校全体教职工心中树立“优胜劣汰”意识。中层干部竞聘，提高中层干部服务意识，打造“服务型”团队；教学岗位竞聘，提高教职工的安全意识和质量意识，打造“质量至上”优胜团队，把缺乏创新意识、学生测评满意率不高的老师安排到教辅岗位，且与奖励性绩效工资挂钩。二是巧对“刺头”教师，对看准了制度弊端的“刺头老师”，因为他们是制度的产物，需要与他们加强沟通，当体制和环境转换后，他们变得比谁都快，工作得比谁都认真！对那些领导制造出来的“刺头”教师，校长应该宽容在先，引导在后，用其所长，恩威并举；对那些人品不高，为个人或者小团体利益挑头滋事，建立个人威信，挟局部“民意”跟组织或领导对抗的“刺头”教师，绝不能迁就，否则单位正气不能抬头，杀“猴”给鸡看比杀“鸡”给猴看效果要好一千倍。三是正对“负能量”，负能量的作用就是证明正能量的存在，对负能量要适时关注，正面引导，不必全力压制。

三、校长应是一个“分饼者”

校长应该注重利益的分配，注重对教职工精神上的激励。

一是平衡与协调。平衡是校长和谐管理的基石，校长如果将“平衡”运用得当，平衡中既有差异又有重点，在平衡中坚守正义，在协调中坚持规章制度，那么学校团队成员中和谐因素一定可以作为学校前进的内在动力。二是适当“亮剑”，营造“能上能下”的良好氛围，让教职工始终处于竞技状态。三是适度制造“饥饿感”，可以使人战胜疲劳，保持清醒的头脑。制度的制定、利益的分配，如教职工最关心的职称评审、晋升晋级问题，学校要适度留有余地，既要让老师们看得到希望，也不能倾其所有一步到位。四是双管齐下，物质的、精神的都重要，在教职工的激励管理中，精神激励占主导地位；但物质是基础，是必要的辅助手段，因为只有在一定的物质基础上发展出的精神生活才是美好的生活！

做最好的自己（三）：教学改革创新篇

潇湘林邑，钟灵毓秀，涌动着教育起飞带来的崭新气象；市十五中，增设高中，激荡着锐意改革、创新育人的勃勃生机。目标引领，多元发展，这里的教育为学生终身发展奠基；创新模式，解放自我，这里的教研为教师职业幸福铺路；这里昂扬着先行先试的斗志，从理念到运作，敢于先人一步，快人一拍；这里践行着做最好的自己的育人方式，从做最好的学校、做最好的老师到做最好的学生，都是认准目标，细水长流。

做最好的学校

走进市十五中，您会眼前一亮，学校占地面积120亩，校园绿树成荫，校内规划布局合理。市政府投入的1.6亿元，正在兴建教学楼、学生公寓、图书馆、体育馆、400米田径场等硬件设施，可容纳初中学生1200人、高中学生1980人。目前，学校建成了校园高速网，各班配置了微机和电子白板，宽带网接通教室、图书室、办公室、会议室，实现了教学资源信息化、教学过程现代化和办公设备数字化。

2016年7月，黄鸿明校长上任伊始，举步维艰，如果不是凭着“一个篱笆三个桩，一个好汉三个帮”的劲头，市十五中怎么会在短短的一个多月时间里初、高中如期开学？如果不是依靠学校班子成员的团结一致，拧成一股绳，又怎么会有今天的秩序井然？

笔者步入经典园地、读书走廊、勤学亭等阅读景观，让人感受到扑面而来的是一股浓郁的人文气息。走廊上悬挂的经典名句，校园橱窗、班级墙报里开辟的“好书推荐”等读书专栏，跃入眼帘。

在校园文化建设方面，该校大胆探索，取得了不俗的成绩：校园制度文化建设，一条一款都科学，一规一范彰人文；校园物质文化建设，一草一木会说话，一砖一瓦皆育人；校园精神文化，一心一意谋育人，一步一印求发展；校园活动文化建设，一言一语得礼仪，一举一动尽风流。

一个汉字，一座城。“郴”字独属郴州，由“林”“邑”二字组成，意谓“林中之城”。义帝陵、叉鱼亭、剑泉，见证了郴州这座有着2200多年历史文化的名城不断前行的沉稳步伐。神农作耒耜，苏耽跨仙鹤，赵云智取桂阳，岳飞驻军郴州，留下了无数神奇传说和千古佳话。宋代秦观作词、苏轼作跋、米芾作书的石刻“三绝碑”至今屹立于“天下第十八福地”苏仙岭上，“郴江幸自绕郴山，为谁流下潇湘去”的千古绝唱犹在耳边回响，爱莲湖畔周敦颐“出淤泥而不染，濯清涟而不妖”的傲然风骨涤荡心胸、澄净空明。湖湘文化、林邑文化、岭南文化在学校相互交融，漫步幽静校园，聆听优雅昆曲、古朴山歌，体味跨越时空的艺术魅力。

学校绿树成荫，花香满径，各种绿化景观设计精巧，布局合理，与坐落其间的校舍相映成趣。把环保教育与学生社会实践活动和习惯养成结合起来，从管住自己的手、拾起地上一片纸做起。开校运动会时，学生离开运动场，整个场地上没有一张废纸；到沙滩公园秋游，该校提出“让青山秀水留下我们的欢声笑语，不留下一点杂物”的口号，秋游结束后，同学们将地面收拾得一干二净。

眼界决定境界。该校虽然隅居郴州经开区，没有地域优势，却响亮地提出“三年树形象，六年争一流，十年创品牌”的规划，以“优质+特长”为目标，面向未来、面向现代化，视野超越了地域的局限。2017年底，在市直相关部门的支持下，从教育部6所重点师范院校中引进毕业生11名、研究生3名，充实学校教育教学力量。2016年来，学校又抢占优质教育制高点，先后与郴州市一中、长郡中学签订了合作办学协议，与省市名校共享优质教育资源，互通教育信息，同步教学，教育资源优势进一步得到彰显。

做最好的老师

人们经常听到一句经典的广告词："没有最好，只有更好。"市十五中却提出"做最好的自己""做最好的老师""做最好的学生""做最好的学校"，这几种说法矛盾吗？笔者认为并不矛盾。

"最好"是相对的，是一种极限，可能永远达不到，但它是永远没有止境的追求——从这个意义上说，"最好"其实就是"更好"；一个一个的"更好"叠加在一起，便成了人们人生中的"最好"！

黄鸿明认为，要想做最好的老师，首先得让学生喜欢自己。如果一个学生不喜欢老师，那他一定不会喜欢这个老师上的课。

为此，该校一方面确立了"学生们喜欢的教师"的具体内容，设计明确的目标体系，采取有力措施，引导教师积极向着"学生喜欢的教师"的目标发展。2016年下学期，该校与市一中签订帮扶协议，利用市一中优质教育资源，派出6名老师到市一中跟班学习，诚邀市一中5名骨干老师到学校进行传帮带，引导教师备课时首先思考用什么样的教学方式，才能让学生们喜欢自己，喜欢自己的课。

另一方面，确立了"打造学生喜欢的老师"师训目标。该校通过走出去、引进来的策略，搭建教师交流提升的平台，把培训交流当成教师成长的福利，2016年共支付培训费达11万元。本着在培训中提升认识、在交流中提升智慧、在研究中提升水平的原则，开展系列培训活动，从理论到实践全方位地提高教师的育人能力。例如，围绕高效课堂，提出了让教师"脑中装着新理念""手中握着新教法"的理念，每天观看"堂堂网"教学，引导中青年教师定期观摩名师课堂教学，让老师们在与名师的对话中丰富自己的执教经验。要求老师们注重学习方法的指导，让学生在自主学习的基础上，合作探究，展示自我，真正成为课堂学习的主人。

该校为提高教学质量，在市政府相关部门的大力支持下，在2016年暑假面向社会公开招聘教师，选调了一批35岁以下的省内外优秀骨干教师，充实各学科教学力量。同时，学校还着力培养青年骨干教师和学科带头人，对青年教师提出“一年起好步，二年上好路，三年出成效”的培养思路，制定试讲、培养和任用的青年教师成长规划。2016年有29对老师结对，采用“一帮一”的方式，强化实施“青蓝工程”，提高教师的课堂教学能力，让教师在实践中迅速成长，脱颖而出。

樊霞是通过公开招考的应届毕业生，刚开始上课不能够很好地进入状态，没有一点自信。黄鸿明知道后，给予她的不是批评和指责，而是鼓励和帮助，语重心长地对她说：“樊老师，你的为人处世已得到了师生们的认可。如果你的课堂教学能像待人接物那样认真，我想你的教学工作也一定会做得更好！”2016年11月，樊霞代表郴州参加全省历史课教学比武，学校5名老师组成的“智囊团”集体备课、设计教案。黄鸿明一边听樊老师试讲，及时把脉，修改教案；一边派人上网查资料，细化教案……结果，樊老师不但荣获了省、市一等奖，还与听课学生建立了友谊，留下了联系方式。

“做一名学习型、研究型、智慧型的教师”是学校的需要，是时代的召唤，是学生的期盼！也是教师成长的需要！教学变革的前提是教师自身的变革。学校的一切教育教学活动，都是通过教师的组织引领来完成的。那么，怎样让教师做最好的自己？

该校设立了“万华讲坛”，邀请省教师发展中心主任龚明斌等6名专家学者，到学校分别做了前沿的教育教学思想、理念和管理方法专题讲座，引导教师以“聚焦课堂，高效低耗”为目标，重点抓教学的关键环节，不断创新教学方法、教学手段，努力探索新课程下“轻负担、高质量”的课堂教学途径，向课堂45分钟要质量，不断提高课堂教学的有效性。要求每位教师做到“八个一”：每年读一本教学理论专著，至少订阅一种与所任学科有关的杂志或报刊，每学期执教一节公开课，主持或参与一项课题研究，发表一篇教学论文（课件），面向学生或教师开设一次专题讲座，命制一套高水平试卷，写一篇高质量的教学总结（反思），着力提高教师队伍素质。2016年，该校在各类比赛中，教师获省级奖6人次、市级奖18人次，论文获省级奖12人次、市级奖23人次。

做最好的学生

据黄鸿明介绍，“让学生做最好的自己”，要由“三个维度组合成一个整体”。这三个维度是感恩知责、阳光健康、学习进步。

“不贤难入世，不孝难为人。”一个对自己的父母都不知道感恩的人，要说他热爱祖国、热爱人民，那是天方夜谭，如果说他能够成就一番大事业，那纯属巧合。该校通过社会实践活动，利用节假日组织学生深入农贸市场、建筑工地、超市、医院等公共场所，了解各行各业劳动者的工作艰辛、收入情况等，回来后，要求每个学生写心得体会，每个班级撰写调查报告。

“我的同学中不少是独生子女，有的在家是‘小皇帝’‘娇公主’，父母捧着、恭着、顺着、护着，唯恐伤着、碰着，凡事一路绿灯，有求必应，出手慷慨大方，甚至不惜血本，真可谓用心良苦。”高一学生在心得中写道，许多家长面朝黄土背朝天，夏顶烈日，冬迎冰寒，躬耕不辍。农忙拼命干，农闲去打工，忍辱负重，没日没月，积劳成疾。孩子有病，火急攻心；自己有病，小病顶，大病抗，一般是跑到药店买点药维持着，实在不行才找到医生开药方……这就是中国式的父母。

让人难忘的是大课间活动，1000多名师生首先展示了体育教学、课间操、课外体育活动的丰硕成果。跳竹竿、跳大绳、滚健身球、打羽毛球……同学们玩得不亦乐乎；紧接着是中华经典诵读：“北国风光，千里冰封，万里雪飘。望长城内外，惟余莽莽；大河上下，顿失滔滔……”让参加活动的笔者也禁不住加入师生的诵读行列；最后是韵律健美操“青春飞扬”，师生们一起扭扭腰、摆摆头、热热身。

“我们过去开设有‘体育大世界’，鼓励孩子们运动；如今改为‘体育大课间’。对于运动项目，每个月都会换一次内容，就是为了让同学们得到多方面的锻炼。”副校长李晓智告诉笔者，过去，有的同学参加军训时会晕倒；现在，同学们锻炼多了以后，中长跑也没什么人会晕倒了。

在迎接2017年的校文艺晚会上，高一学生刘振江表演了花样跳绳，把跳绳体系的个人花样，结合音乐、武术、街舞等多种形式，花样繁多，身影跃动，舞姿婆娑，充满神秘的韵味，让现场的师生看得目瞪口呆。

然而，该校是2016年下期才恢复高中招生的，市一中、二中招完第一批学生后，紧接着是市三中、湘南中学招收第二批学生；该校招收的第三批近500名高一新生，生源主要来自三大块：一是城区学生。多为中下等生和后进生，患有“手足口病”——即“三多”（手多、脚多、嘴多），行为习惯差，上课多动，学习无兴趣；二是进城务工子女。家长忙于生计，想管却力不从心，学生长期得不到家庭教育，处于“三不管”状态：家长管不了，放学后教师管不到，早晨、中午、晚上无人管；三是郊区农村学生。受当前“读书无用论”思想的影响，虽然家里富了，学生却越来越不愿意读书，家长重视度不高，教育方法简单，学生出现“三无”现象：无学习方法，无学习目标，无学习热情。

为此，黄鸿明提出“让学校没有一个差生”的办学理念。“手指还有三长两短，近500名学生哪会没有差生呢？”刚听到这句话，一些教师就心存疑惑。为此，黄鸿明解释道：“市十五中没有差生，一是要求老师态度上不能有差生。要关爱每一个学生，不能戴有色眼镜看待学生，给每个学生公平的起点做最好的自己。二是在工作上要消灭差生。学生成绩有优劣，很难做到齐头并进。但在学生品行培养上，只要找到切实有效的方法，我们就可以杜绝‘差生’。”

高一（3）班女生魏丽媛（化名）人长得比较漂亮，经常有大胆的男生向其表白爱恋，对她的学习影响很大。但父母对她的期望值很高，禁止她与男生交流，致使她内心有点苦闷，上课经常开小差，有时还在课堂上睡觉。班主任廖春燕决心要帮魏丽媛找回自信，让她变得阳光起来。

作业本里，廖老师告诉她：“你的字写得真漂亮，老师忍不住要夸奖你！”于是，她的字越写越漂亮。课堂上，廖老师鼓励她：“你那双炯炯有神的眼睛在告诉老师，你很会思考。”于是，她改掉了走神儿的毛病，上课举手的次数越来越多……渐渐地，魏丽媛越来越阳光，也越来越自信。在学校11月的评比中，她第一次被评为“进步之星”；在12月的文艺晚会上，她独唱的《妈妈的吻》获音乐“单科王”。

针对生源质量差、个体差异大的情况，该校决定实行走班制教学探索。“走班是基于学校、学生的特点所做的尝试。让基础差的学生夯实基础，不要失去学习兴趣，鼓励基础相对较好的学生拓展知识面，加强自主学习的能力。让每个学生在原有基础上有所收获，是我们实施分层走班的主要目的。”黄鸿明说，以前在一起上课，每个学生的基础不一样，在课堂讨论等环节上，总有部分学生参与不进来，在课堂上不知该干什么。现在实行走班制，同学们参与的积极性高了很多，学习热情也随之高涨，真正践行了让每一个学生做最好的自己。

（《郴州日报》2017年1月5日　第10版）

如何做最好的自己——浅谈十五中办学思路

学校管理，是指管理者通过一定的机构和制度采用一定的手段和措施，带领和引导师生员工，充分利用校内外的资源和条件，整体优化学校教育工作，有效实现学校工作目标的组织活动。在管理过程中必须坚持正确的目标，充分尊重人、理解人、关心人。郴州市十五中在全面贯彻落实党的教育方针、本着办人民满意教育的宗旨、全面实施素质教育的前提下，在“做最好的自己”办学思路的指引下，秉承“师德润校，质量强校，安全立校，管理兴校，文化亮校”的工作思路，确立“三年树形象，六年争一流，十年创品牌”的工作目标，坚持做出自己的特色，做出了自己的品牌。

一、师德润校，润物无声

学校在教育教学过程中，坚持爱的教育，坚持用心教育，以赤子之心对待教育事业。从思想修养层面就是坚持“三爱”——爱国、爱校、爱自己。爱国是每个公民应该具备的基本品质；爱校是每个教职工应该具备的个人素养；爱自己是每个自然人应该具备的个人修养。“学高为师，身正为范”，爱是教师职业道德的基本要求，是教育事业永恒的主旋律，充满爱心就是对事业负责，对每一个学生负责。从工作层面就是坚持“三心”——静心、精心、尽心。静心做人，是指心要静，戒骄戒躁，不能有功利主义思想，即诸葛亮所谓“非淡泊无以明志，非宁静无以致远”；精心对事，是指心要细，积极认真，一丝不苟，选择了教育事业就意味着选择付出和奉献，选择比别人担负更多更重的责任，要时时静心，处处精心，事事尽心。

二、质量强校，立校之本

2016年全国教育工作会议指出，以新的发展理念为引领，全面提高教育质量，加快推进教育现代化，把促进公平、提高质量作为两大战略重点，把优先发展、改革创新作为两大重要保障，坚定方向、保持定力，一以贯之、持续用力。教育教学质量是学校发展的生命线，提升教育教学质量是每一所学校的追求，是学校管理的根本任务。为了提高教育教学质量，学校将具体落实以下几个方面：

第一，要落实两项常规。两项常规是教学质量发展的基石，教学常规管理作为学校教育管理的基础，与教学质量息息相关，贯穿于教学工作的始终，是学校品牌建设的立足点。学校要想发展，就必须提升办学质量；要想提升办学质量，就必须落实“两项常规”，学校将继续加强备、教、批、辅、考的检查力度，继续执行“一月一查一通报”，把常规工作做好，把“简单”的事情做好。简单的事情重复做，重复的事情努力做，努力的事情用心做，就会达到极致。

第二，要适度创新。适度创新是教学质量升华必备的条件，创新教育就是使整个教育过程被赋予人类创新活动的特征，并以此为教育基础，达到培养创新人才和实现人的全面发展为目的的教育。实施创新教育就是要从培养创新精神入手，以提高创新能力为核心，带动学生整体素质的自主构建和协调发展。郴州市十五中大力推进“阅读进课堂”活动，老师在课前5分钟指导性地要求学生有针对性地阅读，鼓励学生主动地阅读，不仅在课内读，更要在课外读，不仅读课本，还要学会选择参考读物，指导学生养成写读书笔记的习惯，把读书心得上升为小论文；大力推进“教学质量月”活动，广泛开展示范课、公开课、比武课、研讨课及教师技能竞赛活动；老师们根据学科特点、班级特点、年级特点适度创新，不论是年级、班级管理，还是教学活动，都要适度创新，在教育教学过程中，给学生以充分展示的机会，发挥学生的创新精神，使学生各尽所能、各展其才。

第三，要教研提质。学校本着打造“双师型”教师队伍的目标，实施“走出去、请进来”的“双向”提高举措，出台一系列“引智”政策，并逐渐加大“引智”力度，通过行政管理人员、班主任、科任科研人员、后勤管理人员等多层面的培训，开阔教师的视野，更新教师教学观念，提高教师教学能力和理论研究水平，让教师们以开放的心态、创新的思维、高度的责任感，让课堂教学保持旺盛生命力；同时，进一步落实教研组活动，通过定时间、定地点、定内容、定中心发言人加强交流、沟通，进一步内化、固化，以达到兼收并蓄，集外收内，教研提速提质、教研活校的目的。

四要实施“短板补齐工程”。学校正面直视学科、班级、年级，以及潜能生的短板，直视不足，查找差距，弥补不足，以期快速提高。

三、安全立校，重中之重

安全无小事，安全责任重于山。安全工作是学校的重要工作，学校全体教职员工要把安全工作视为立校的生命线，齐心协力、齐抓共管、多管齐下，坚持以“预防为主、防治结合、加强教育、群防群治”的原则，常抓不懈。

第一，要强化安全意识。全校上下都要有强烈的安全责任意识、危机意识，应时时刻刻把安全工作放到第一位，要有安全责任重于泰山的意识和紧迫感，各部门都要重视自己的安全职责，从细微处入手，从细节抓起，从严、从细、从先、从紧抓安全，不放过任何影响安全的不稳定因素，安全责任意识到位，牢记安全无小事，处处谨慎，警钟长鸣。

第二，要明确安全责任。学校层层签订安全工作责任书，构建学校安全管理网络。学校安全工作是社会安全生产工作的一个重要组成部分，要认真贯彻执行教育部、省教育厅、市教育局有关安全工作的指示，切实加强学校安全工作的管理，防止各类安全责任事故的发生，贯彻“谁主管，谁负责”的原则，做到职责明确，责任到人，强化管理，使学校安全管理网络覆盖到校园的每一个区域、每一个角落。

第三，要进一步完善安全制度。进一步建立健全《学校安全管理工作制度》《消防安全管理制度》《门卫制度》《用电安全制度》《学校突发事件应急救援预案》《学生食堂卫生安全管理制度》等一系列关乎师生人身财产的安全制度，实现安全管理工作“有法可依，有章可循”。

第四，要创建平安校园。通过不断完善健全学校安全工作规章制度，建立安全意外事故处置预案制度；建立以校长为组长的重大安全事故应急处理领导小组，制订重大安全事故应急处理预案，并对可能发生的重大自然灾害事故的处理提出了具体的操作流程及应对措施；实行后勤安全保障机制，从人防、技防、物防等方面加强安全防范；健全落实门卫制度，加强校园值班制度，形成行政人员值周制度；对学校安全问题实行安全月报制，实行岗位日查、处室周查、学校月查制度，每周一小结，每月一总报，将各个时期的安全工作情况及时地向上级主管部门汇报，真正打造平安校园。

四、管理兴校，管理出效益

质量是学校发展的生命线，管理则是学校提高教育教学质量的重要手段。一所学校能持续发展，最重要的是依靠科学管理，而科学的管理又离不开有效制度建设。

第一，要完善、新建管理制度。制度是活的机制，它具有一种持久的驱动力，因为好的制度是一种竞争机制，制度前进了一小步，管理就前进了一大步。学校根据新形势的需要，适当实时修改、制订新的方案，制度注重实绩、注重激励，充分调动每一位教职工的积极性，使他们为学校发展贡献自己的力量。

第二，要人文管理与目标管理有机结合。学校管理的有效性依赖于对人和制度的合理性，目标管理是对教职工的鞭策与激励，人性化管理则是对制度的进一步完善。学校将寻求人文管理与目标管理的契合点，发挥教职工的积极性和主人翁精神。

第三，要新建新构新发展。学校将继续致力于队伍建设，着力打造一支凝聚力强、执行力强的行政团队，一支师德高尚、业务精湛、教学水平一流的教师团队，一支乐于奉献、高度自治的学生会干部队伍。为进一步优化人员结构，学校在适当时机要实行全员竞聘上岗，通过竞争激励机制的实施，充分调动广大干部职工的积极性和创造性。

五、文化亮校，增强文化底蕴

校园文化作为一种环境教育力量，对师生的健康成长有着巨大的影响。校园文化建设的终极目标就在于创设一种氛围，以期陶冶师生情操，构建学生健康人格，全面提高学生素质。

第一，依托本土文化，突出当地特色，让师生享受独具特色的文化的熏陶。郴州市十五中将大力构建“林邑文化”校园。郴州人杰地灵，钟灵毓秀，蕴含着丰富的本土文化，义帝陵、叉鱼亭、剑泉见证了郴州这座具有2200多年历史的文化名城不断前行的沉稳步伐；神农作耒耜，苏耽跨仙鹤，赵云智取桂阳，岳飞驻军郴州，留下了无数神奇传说和千古佳话；宋代秦观作词、苏轼作跋、米芾作书的石刻“三绝碑”至今屹立于“天下第十八福地”苏仙岭上，“郴江幸自绕郴山，为谁流下潇湘去”的千古绝唱犹在耳边回响，爱莲湖畔周敦颐“出淤泥而不染，濯清涟而不妖”的傲然风骨涤荡心胸、澄净空明。市十五中将依托本土文化，突出郴州特色，让师生享受独具特色的林邑文化的熏陶。

第二，构建文明校园。学校将采取“依托校园，创建文明”的创建思路，深化创建文明校园的内涵，突出创建文明校园的精神，体现创建文明校园与学校文化教育的互动融合。致力于挖掘学校的人文精神，从人文精神中提炼出“文明校园”的主题思想，通过“设计个性化、环境育人化、行为规范化、活动序列化、校风优良化”形成文明校园的文化特色。

第三，铸师生家园。学校在创文明校园过程中，要群策群力，美化环境，硬件软件相配合，以使环境给人以无声的文明教育；美化言行，力求师生人人举止文明；美中求特，结合校情发挥师生创造力，创出文明校园教育特色，让十五中真正成为师生的家园。

经典的广告词说“没有最好，只有更好”，其实“最好”是相对的，是一种极限，可能永远达不到，但它是永远没有止境的追求——从这个意义上说，“最好”其实就是“更好”，一个个的“更好”叠加在一起，便成了人们心中的“最好”！“做最好的自己”“做最好的老师”“做最好的学生”“做最好的学校”，管理是动态的，最好是动态的，在学校管理过程中“没有最好，只有更好”。

阅读进课堂，书香满校园

“鸟欲高飞先展翅，人求上进先读书。”人是一种追求精神并且从精神上获得愉悦的动物，而且这种动物是世上的唯一。然而，这种动物需要修炼，修炼的重要渠道就是阅读。如果说一个人的人生经验是由直接经验和间接经验两部分构成的，即使他的阅历再丰富，他的直接经验也是有限的，而阅读恰恰弥补了这种有限，它能够给予人们更多的间接经验。这种间接经验既提升人的认知，丰富人的心灵，激发人的感受力和想象力，拓宽人的视野，又使之更容易理解他人，更富于同情心，更具有判断力。钱理群先生说，阅读是“打下人精神底子”的重要方式，这应该是对阅读之于人的最深层意义的概括。

阅读是如此的重要，现实的瓶颈却是：可以读图便不读文字，可以听说便不看文字。生活的压力及人性的慵懒，让阅读愈行愈远，愈远愈淡。

鉴于此，苏仙中学在提议老师和学生都要做一个“有才情的我”的口号下，更进一步实施“阅读进课堂，书香满校园”的举措，要扭一扭阅读颓废的风气，转一转师生阅读的兴趣。确实，为人师者，千教万教，应教人怎么读书；为求学者，千学万学，应学会怎么做人。

于是，为具体落实“书香校园”的这一举措，我们决定从如下几方面着手：

一、未雨绸缪，营造浓厚的阅读氛围

学校利用师生的集会、班主任的下班时间、班级的社团活动、家长会等时机，大力宣传阅读的重要性和必要性。同时，让学校的每块地方“会说话”：

努力打造班级文化建设；在校园的醒目位置悬挂与这一主题相符合的宣传标语；在校园广播里播放与这一主题相契合的广播稿件；学校网站滚动播出有关阅读的人和事等，使师生、家长认识到“阅读使生活更美好”。

二、师生共举，形成习惯

初中的学生，审美观、道德观、人生观都正处在形成时期，其可塑性是非常强的。因此，在他们人生的直接经验严重不足的前提下，通过阅读来获取间接经验，便显得尤为重要了。我们知道，优秀的文学作品总是借助各种方式，表达人类社会的一些共同的基本准则，如正直、勇敢、忠诚、互助等，也表达人类最美好的感情，如亲情、爱情、友情等，以及对美和理想的永恒追求。这些作品的阅读能潜移默化地影响初中生的心灵，帮助他们抵御世俗的种种浸染，从而建立起健康积极的审美观、道德观和人生观。

“书是这一代对下一代的精神遗传”，于是，我们倡导：老师做榜样，学生先跟样。

我们知道，学生是善于模仿的。当他们的老师开始离开电脑，放下手机，拿起文学作品，并随时与学生交流读书的体会时，我们有理由相信，这一举动胜过千言万语的说教。当学生感知阅读可以给人带来这么多的收获时，自会慢慢拿起书来阅读。当阅读这种行为在时间的历练后逐渐转化，成为与身体融合为一的习惯时，学生便收获了终身受益的读书法宝。

同时，我们亦倡导：学生变被动为主动，老师变主体为主导。我们明白，健全人格，完善知识的主体者是学生。然而，被动的吸收那是存储器，主动的获取才是转化器。因此，老师也好，学生也罢，各司其职，各明其要，师生共举，方可造和谐之态，最终皆大欢喜。

老话说，行善如登，行恶如崩。这就告诉我们，要做好一件事，其实过程总是艰辛的。在这个人们善于或说是喜欢读图的时代，要转变老师和学生对于阅读的认识，逐渐形成阅读的习惯，我们必须意识到，这个过程不容易。

三、架设桥梁，互动互进

我们知道，营造“书香校园”，靠一个班级，不够；靠一个年级，也不够，只有所有的师生都行动起来，甚至是家庭的加入、社会的参与，才是最良性的表现。

于是，我们提倡：

语文老师每月给学生推荐几本好书，别让书柜成为摆设，每周一节进阅览室的阅读课，课前5分钟阅读或热读教材，分年级设定读书开放日，家庭设定家庭读书日，评选优秀读书笔记并在班级传阅交流，家长与学生利用周末共同观看与书籍有关的电影，班主任和家长及学生共同拟定一个学期的阅读目标，利用每周的班会课交流心得体会等。同时，举办“班主任共读一本书”活动、“师生共读一本书”活动、“家校共读一本书”活动。当更多的人参与时，我们便可确信，我们的办学，可以为学生营造学习氛围，激发学生的学习兴趣，促进学生成长，提升学生品位。

阅读是重要的。当阅读成为每一位同学每日必不可少的行为方式时，课堂上的学生定会更积极与活跃，校园里的上空定会更清亮且弥香。

（《郴州日报》2016年4月19日　第8版）

“五大抓手”打造学生成长艳阳天

——谈我校如何加强未成年人思想道德建设

未成年人是祖国的未来、民族的希望，加强和改进未成年人思想道德教育，直接关系着千家万户的幸福安康，关系着国家和民族的兴衰，关系着社会主义核心价值观的全面贯彻，更关系到我们“中国梦”的顺利实现。学校作为加强和改进未成年人思想道德建设的前沿阵地，根据市教育局精神，在“做最好的自己”办学思路的指引下，我校扎实推进未成年人思想道德建设。新精神、新理念、新思路导引出我校未成年人思想道德建设的新举措、新做法。

一、抓德育制度，落实德育规范

学校实行校长负责的德育工作领导管理体制。我们建立了学校、德育处、年级组、班级四级管理网络，明确德育管理的职责。由校长、德育主任、年级组长、班主任组成德育工作领导小组，副校长主管学校德育工作，德育主任负责学校德育具体工作。选配优秀教师担任班主任，形成了班主任聘任、培训、考核、评优等制度，并把职业道德教育纳入教师继续教育的必修课程，适时组织培训，开展主题教育；坚持每半个月召开班主任工作例会，细化学校的德育工作，交流、总结经验，在相互学习、共同研究的同时提高德育管理人员的工作水平；不断充实和壮大班主任队伍，为学校规范德育奠定了良好的基础。

二、抓德育管理，增强德育师资

建立优化高效的工作机制是实施学校德育的保证，学校形成了以环境育人、活动育人和家校社三方联手、三条育人主线齐头并进的德育机制。德育队伍是抓好德育工作的基础和重点，我校打造了一支政治坚定、师德高尚、理念先进、业务精湛、讲求实效的德育队伍。学校按规定配备辅导员，建立和完善辅导员制度，选聘辅导员。聘请法治副校长，保证每学期到校上法治教育课，积极开展《未成年人保护法》《预防未成年人犯罪法》等法律法规宣传的教育，增强了学生的法律意识和自我保护意识。目前，学校现已拥有一支自己的德育骨干队伍，构建和谐向上的德育共同体，为“德育规划”提供了充实的内涵保障。

三、抓校园环境，建设特色校园

优化校园环境，学校主要抓了三大版块建设：一是教室环境布置，由各班级自己设计，体现各自的风格和特色；二是各处室及教师办公室的量化评比，这在很大限度上优化了我校的办公环境；三是硬件设施建设，这几年通过维修整治，学校的教室地面整洁光亮，环境区添种花草，整个校园环境面貌一新，得到进一步优化。尽量让每一棵花草、每一面墙都成为育人的存在，打造浓厚的校园文化底蕴，促进学生更好地成长。学校恪守“做最好的自己”的办学理念，秉承“立德，明礼，勤学，笃行”的校训，全面实施素质教育，坚持“三爱”“三心”教育，培养“优质＋特长”的全面人才，注重培养感恩知责、阳光健康、学习进步的学生，注重“一生一特长”的培养，着力打造以“林邑文化”为主题的特色校园，逐步建成“岭湖园、双桂园”等特色园林景观，积极搭建促进学生成长的新平台，不断积淀促进学生全面发展的校园成长文化。

四、抓德育活动，推进德育实践

积极开展了校内、校外德育活动，让爱国主义教育、集体主义教育、心理健康教育、健康法治教育等德育活动在我校落地生根。爱国主义教育、集体主义教育是我校德育教育的主题，学校除结合传统节日开展活动及禁毒、普法、交通安全等专题教育活动外，还注意推陈出新，采用“一个主题，多项活动、连续举行”的活动形式，提高学生的艺术实践能力，丰富校园文化生活，增强教育效果，如“中华魂”读书系列活动、体育活动月、“爱心感恩”系列活动等。努力开展主题实践活动，如环保主题活动。学校成立护绿队，增强未成年人环保理念，如节日主题活动。在“清明节”期间开展网上祭英烈活动，在五四青年节、建党纪念日、八一建军节等纪念节日，集中开展思想道德主题宣传教育活动，为迎接国庆开展爱国主义主题教育活动。学校坚持不懈地利用禁毒日、环保日、节水日等重要纪念日、节庆日时机，开展升旗仪式和系列化的国旗下的讲演，集中开展各类主题歌咏、书画、征文、小发明、小制作等活动；利用寒暑假期、双休日及综合实践课时，有计划地组织学生进行纪念馆参观活动、爱国主义基地教育活动、德育基地生活体验活动、贫困生捐资助学活动，到北湖区梨树山敬老院慰问老人，以及研究性学习兴趣小组调研等活动，这些活动深受同学们的喜爱。

五、抓家校共育，推行家校合力

郴州市十五中一直致力于“家校共同体”建设，该举措集中体现了学校“做最好的自己”的办学理念。做最好的自己涵盖了做最好的家长，做最好的家长就是：做一个有品位的家长，做一个善于沟通的家长，做一个有责任、有担当的家长。

1. 聘请“家长督学”，进行督学、督政

从2015年起，学校先后聘请“家长督学”6人，对学校工作进行全方位的督导。

（1）督学。一直以来，学校都非常重视家长参与学校的管理，通过家长督学、家长委员会，让家长充分参与学校管理，让家长对学校教育教学工作享有知情权、参与权、评议权和监督权，使学校、家庭、社会三位一体的教育体系逐步完善。

（2）督政。学校通过家长督学、家长委员会对关系学生切身利益的大事进行督查。

2. 依托“万华讲堂”，拓宽家校管理渠道

（1）学校依托“万华讲堂”，进行家校交流沟通。我校于2016年下学期成立了一个“万华讲堂”。“万华讲堂”是专家、名师、学校老师、家长展现自身才情的一个重要平台，我校每学期都会安排家长来演讲。家长演讲的内容主要是围绕学校、家庭的教育和管理阐述自己的见解，围绕未成年人思想道德建设谈看法。

（2）召开家长会。每学期期中考试后在学校统一安排部署下，全校各班召开家长会。

（3）建立“家长委员会”。学校建立了家长学校，各年级建立了班级家长委员会。2016年11月29日，学校邀请了郴州市心理咨询师协会国家二级心理咨询师、国家一级婚姻家庭咨询师何定武教授为家长代表做讲座。

3. 回归“家访”，加强家校联系密度

学校每学期都会安排班主任、科任教师进行家访，特别是对学困生的家访。

4. 开展亲子义工活动，共建“家校共同体”

学校开展亲子义工活动。主要是家长在周五学生放假回家离校时在校门口和学校值班人员一起值班，保证校门口交通有序、安全。

依托网络，建立家长QQ群、微信群。学校各班均建立了家长QQ群和微信群。

在市教育局等精神的推动下，在“做最好的自己”办学思路的指引下，郴州市十五中努力落实未成年人思想道德建设，取得了喜人的效果。

（1）组织制度更加完善，未成年人思想道德建设有规可依。

（2）未成年人思想道德建设机制运转更加灵活，队伍更加庞大，教育形式更加多样化，教育效果更加显著。

（3）校园里的德育活动更多、更新、更实了，学生更活泼开朗，更阳光上进，更勤奋乐学。

（4）家校形成了教育合力，为未成年人的健康成长保驾护航。

（5）市十五中的校园新起来了，亮起来了，优起来了，雅起来了，师生的笑容、笑声多起来了，学习的成就感、执教的幸福感升起来了。

当然，未成年人思想道德建设是一项系统的、长期的、艰巨的工程。我校将继续发扬新教育理念，改善教学环境，提升林邑文化内涵，发挥校园文化作用，努力在提层次、增内涵、强底蕴上下功夫，努力在新精神、新理念、新思路导引下继续开拓出新举措、新做法，将我校建成师生学习的乐园、精神的家园，努力开创郴州市十五中未成年人思想道德建设工作的新局面。

（《法制周报》2018年6月7日　第7版）

筑梦　向青草更青处求索

2018年是全面贯彻党的十九大精神的开局之年，是决胜全面建成小康社会、实施“十三五”规划承上启下的关键之年，也是改革开放40周年。过去的一年，在市委、市政府、市教育局的正确领导下，市十五中取得了历史性成就，也发生了历史性变化，学校总体发展水平不断提高，已稳步迈进了郴州市教育的中上行列。学校坚持“做最好的自己”的办学理念，努力“办大家满意的教育”，弘扬“新、润、实、诚”的十五中精神，笃从“师德润校，质量强校，安全立校，管理兴校，文化亮校”的办学策略，按照“三年树形象，六年创一流，十年成品牌”的工作目标，获得了“全国零犯罪学校”“全国生态文明教育示范学校”“全国青少年校园足球特色学校”和“郴州市教育教学质量进步奖”等殊荣。在新的学期，学习贯彻习近平新时代中国特色社会主义思想和党的十九大精神，谋划“奋进之笔”，以“规范、改革、提高、发展、奋斗”作为行动指南，部署今年教育教学和教育改革发展等各项任务。具体举措如下：

一、规范

1. 强师德，铸师魂，明责任，重担当；做好平常工作，实现伟大梦想

进一步健全师德师风建设长效机制，实施师德师风建设工程，大力提升教师思想政治素质和师德涵养；强化监督考核，推行师德考核负面清单制度，实行师德“一票否决”，营造风清气正的教育行风。本学期，学校继续强化教学秩序管理，进一步规范工作纪律，全体教职工在各自的岗位上，明责任，重担

当，重实效，做好平常工作，努力实现个人和学校的梦想。

2. 凝人心，聚众智；补不足，善有余

建章立制，促使学校工作有序、高效发展。“积力之所举，则无不胜也；众智之所为，则无不成也。”学校要凝心谋发展，聚智绘蓝图，争取提档进位、走在前列，这就要求我们每一个人都不可以做旁观者、局外人，唯有凝聚全员力量、同尽担当之责，信念上抱定守一，态度上决绝无二，方能汇聚成促进学校改革发展的“洪荒之力”。学校进一步建章立制，完善各种考核评价制度，修订了《郴州市十五中奖励性绩效工资考核办法》《郴州市十五中职称职务评审办法（适用于除专任教师之外的人员）》，以及中考、学考奖励办法，学校拓宽了考核评价制度，用制度约束人，用制度约束事，确保学校工作有序、高效发展。

3. 立德树人，润泽学子

党的十九大再次强调立德树人根本任务，教育部也出台了《中小学德育工作指南》，学校要把德育摆在更加重要的位置，丰富育人载体，创新育人方式，构建长效机制，写好立德树人新篇章。落实立德树人根本任务，将社会主义核心价值观融入教育教学全过程。“万山磅礴必有主峰，龙衮九章但挚一领”，学校要抓住立德树人这一着力点，争取各职能处室、各年级每月均有一个积极向上的主题活动，进一步规范学生行为习惯、学习习惯，着眼学生发展，关注生命成长，着力建设富有生长气息、生命气息、人文气息的德育文化，让德育真正走向人本，走向温馨，走向心灵，为学生的幸福人生奠基。

4. 安全防范，责任重于泰山

安全是第一位的，学校要进一步健全机制，落实好校园欺凌综合治理方案，完善防治学生欺凌制度体系，完善好校园安全风险防控机制，健全学生意外伤害保险制度和校园周边治安综合治理机制，加大对重点场所、重点环节、重点部位隐患排查整治力度；完善好重大安全事故通报机制，及时做好信息研判、议事协调、应急处置和善后恢复工作。重视和加强对学生的安全教育，有针对性地增加反欺凌、反暴力、反恐怖行为，以及防范针对未成年人犯罪行为等内容，提高学生的安全意识和自我防范能力。

二、改革

学校一直坚持改革创新，目前，学校改革进入“内部装修”阶段，必须在实处、细处、深处发力，抽丝剥茧、层层深入，找准病根、找准对象，对症下药、精准突破。学校总的考虑是瞄准问题，准确定位，强化攻坚，体现协同。瞄准问题，就是要深入把握学校关心、师生关切、社会关注的问题，抓住主要矛盾，把短板补齐，把漏洞堵住；准确定位，就是把今年的学考、中考放到学校重心工作来考虑；强化攻坚，就是聚焦重点领域、阶段性目标，强化资源倾斜、政策倾斜、力量倾斜，集中优势“火力”，确保完成攻坚任务；体现协同，就是突出协作配合，把攻坚举措加以整合，握紧拳头，形成合力。

1. 强力推行课程改革和作业改革

一是致力作业改革，提高学习效率。针对学生作业负担过重的现状，学校以课改理念为指导，以学生发展为根本，以控量提质为目标，以作业增效为导向，开展了“限时分层，适量适度精选，提高效率，精析、用好纠错本”的作业改革活动。二是致力课程改革，奠定学生终身发展基础。学校除了完成国家规定的课程设置外，还要增加适合学生发展的优质课程，凸显学校的办学特色，以求达到优质加特长的目的。因“课改而改课”，为“教学而学教”。各科教学都要立足课堂主阵地，探索课堂教学新思路、新模式。本学期，通过课程的研究、课堂的研究、学生的研究、问题的研究、细节的研究五方面的研究工作，着力提升学校教学质量，提升学校教学整体实力。

2. 深入学习了解掌握新高考改革和中考改革，并在实践中尝试、推行、推崇，为新高考奠基

2018年秋季入学的高一年级全面实施新修订的课程方案和课程标准，推行选课走班，丰富课程体系，加强生涯指导教育，推进育人方式改革。关注郴州市2018年初中毕业学业水平考试与高中阶段招生高中，应对中考在计分科目、志愿设置、录取依据、录取办法等七大方面的改革，争取2018届中考取得优异成绩。

3. 强化教育教学评价制度改革

引导教师贯彻党的教育方针，遵守教学纪律，改进教学方法，启发学生思考，指导学生进行合作学习与研究性学习；完善教学质量评价制度，学校实行教师自评、学生评价、同行评价、督导评价等多种形式相结合的教学质量综合评价，多维度考评教学规范、教学运行、课堂教学效果、教学改革与研究、教学获奖等教学工作实绩；以师德为先、教学为要、科研为基、发展为本为基本要求，坚持德才兼备，注重凭能力、实绩和贡献评价教师，切实提高师德水平和业务能力，努力建设有理想信念、有道德情操、有扎实学识、有仁爱之心的党和人民满意的高素质专业化教师队伍。

4. 进一步推行管理制度改革

学校始终以管理的最优化为追求，以管理的科学化为标杆，以管理的精细化为途径，坚持规划引领、制度管理、文化管理三管齐下的原则，做到将管理化作效益，向管理要质量。学校坚持层次管理，找准定位，重心下移；坚持网状管理，突出横向到边，纵向到底；坚持扁平管理，善于贴近实际，解决问题。进一步强化各部门职能，做到职能定位，角色定型，没有“分管”，只有“负责”，各负其责，一抓到底；进一步突出年级组长、教研组长、备课组长在学校管理中的骨干地位，让年级组长、教研组长、备课组长真正成为管理领路人、学科带头人、质量把关人。

5. 进一步落实、拓展“优质+特长”的办学思路

学校除了大力加强教育教学质量之外，还要切实加强学校体育工作，深入推进体育教学改革，把体质健康和运动技能作为学生综合素质评价的重要指标，以大力发展校园足球为引领，加强学校体育工作，帮助学生掌握一两项终身受益的运动技能；制订学校美育工作基本标准，适应考试招生制度改革、教育教学质量监测、综合素质评价等，形成倒逼机制，扭转重智育、轻体育美育的局面；充分发挥实践育人的功能，开好综合实践活动课程，以劳树德，以劳增智，以劳强体。重视加强心理健康教育，健全完善学生心理健康教育机制。

三、提高

1. 稳步提高学校的教育教学质量

党的十九大报告指出，要大力提升发展质量和效益。质量决定兴衰，质量是教育工作的生命线。学校要以质量为本，把标准建起来，把责任落下去，把机制完善起来，推动教育事业进入提质增效的轨道。本学期，争取各年级在期末质量监测中再打一个漂亮的翻身战。

2. 进一步提高教职工的价值感、幸福感

学校从关心教职工的工作与生活入手，以为教职工办实事做好事为抓手，进一步建立困难教职工档案，切实解决教职工的实际困难；建立教职工活动中心，关注教职工身心健康；进一步丰富教职工的课余生活，丰富教师书吧；成立青年教师联谊会，成立“母婴室”，提升教职工的价值感、幸福感和获得感。

3. 进一步提高学校的美誉度

争取提前完成“三年树形象”的目标，进一步实现从“知道我们”到“喜欢我们”的目标。“一勤天下无难事”，行动是最好的誓言。如果把实现“三年树形象”目标比作一次长跑，今天我们已经跨过起跑线，奋力奔跑在赛道上，目前已取得不俗的成绩，学校更要内强素质，外塑形象，进一步加大宣传力度，提高学校的美誉度。

4. 进一步提高学校的管理水平，使学校的管理更科学、民主、高效、和谐

每一位教职工尤其是领导干部都要认真反思自己的工作方式和方法，都要努力改进自己的工作方式和方法。努力践行“执行力就是生产力”的工作理念，努力提高管理水平，真正使学校的管理更科学、民主、高效、和谐。

5. 进一步提高“服务育人”的水平，构建“服务型”的行政团队和教辅工勤团队

建设服务型团队的首要问题就是服务态度，核心问题就是服务质量，关键问题就是工作效率，紧密围绕服务态度、服务质量、工作效率加大建设力度，以观念创新为前提，以提高教职工素质为基础，不断提高“服务育人”的水平，为建设和谐校园夯实基础。切实做好中小学生课后服务工作，努力解决“留守少年周末难题”，解除家长后顾之忧，学校有近60%的进城务工人员随迁子女就读，学校不但要“丰富其知识，文明其精神，强健其体魄”，更要关注留守儿童关爱服务，并不断健全服务体系，服务型行政团队和教辅工勤团队不但服务于师生，更要服务于社会。

四、发展、奋斗

1. 真抓实干，赶超一批兄弟学校

船的力量在帆上，人的力量在心上。想事、干事、干成事，最重要的就是一种勇气、一种勇敢。在谋划“奋进之笔”的今天，就要讲责任，遇事不避事，遇难不怕难，有责不推责，敢挑担子，敢负责任，敢于亮剑，主动承担各项急难任务，争当学校改革先锋；讲奉献，秉承“奋力拼搏、大干苦干两三年”精神，忍得住压力，守得稳初心，以当前更多的艰辛和付出换取学校更加美好的未来。

2. 求实创新，初步建立一批优势学科

学校将从学科建设、人才培养、教学研究、师资队伍建设等方面全面发力，打造一批优势学科。

3. 内促外推，培养一批名师、骨干教师

要实现高质量发展，关键还是靠教师。党的十九大报告也从师德、专业化发展和尊师重教三个方面，对加强教师队伍建设进行了系统部署。今年，学校要抓住《全面深化新时代教师队伍建设改革的意见》出台的机遇，实施教师队伍“建设改革”攻坚行动，全面开启教师队伍建设的新征程，通过内促外推，培养一批名师、骨干教师，力争在3至5年内，推出一批正高级教师、特级教师。

4. 加强对青年教师的关心和培养，助力他们在工作、理想和生活等方面的发展

重视青年教师的思想政治工作，使他们热爱教育事业、教书育人，为人师表。具体要求为：“一年常规入门，二年上课过关，三年业务达标，五年成为具有良好师德、较高学识水平和业务能力的校级以上教学能手。”具体措施为“四查”“四赛”“六认真”，即查对《新课程标准》的熟知程度、查备课、查作业批改、查辅导学生；抓好钢笔字比赛、粉笔字比赛、创优课比赛、说课比赛；抓好教学“六认真”工作，抓达标课及创优课等工作。

5. 继续实施“走出去，请进来”的培训办法

组织青年教师外出学习、听课、听讲座，学习外地的先进教育教学经验，组织有关领导、专家来校讲学，给青年教师提供各种教学信息。

6. 进一步探索有效的育人之道

教育的根本任务，就是全面贯彻党的教育方针，落实立德树人根本任务，发展素质教育，培养德智体美全面发展的社会主义建设者和接班人，要从培养担当民族复兴大任时代新人的高度认识和把握这一根本任务去教书育人，探索出一条行之有效的育人之道，努力使我们的学生成为具有世界视野和中国情怀的新时代的中国人。

习近平总书记在2018年新年贺词中说“幸福都是奋斗出来的”，只有奋斗的人生才称得上幸福的人生，新时代是奋斗者的时代。2017年的汗水已凝结成果实，2018年的拼搏就要开始，开局即发力，起步就冲刺。让我们理清头绪、振奋精神，积极投入工作。要砥砺意志，以一往无前的奋斗姿态抓好工作落实。要紧盯任务、围绕职责，强化担当抓落实，以真抓的实劲、敢抓的狠劲、善抓的巧劲、常抓的韧劲，全力抓落实，确保圆满完成新学期的各项目标任务。

努力提高教育教学质量　打造平安文明文化校园

新春伊始，万象更新。度过了一个平安、愉快、祥和的寒假，我们满怀着新的希望迎来了一个生机勃勃的崭新春天。

常言说：“一天之计在于晨，一年之计在于春。”2017年春天的大门已经向我们敞开，新年新学期要有新目标，新学年我们将以师德润校、质量强校、安全立校、管理兴校、文化亮校作为工作目标和思路，开始新的工作和学习。对新学年我们充满期待，充满向往。

一、学校提质扩容工程基本完成，校容校貌将有大变化、大提质，学校将更美更亮

新教学楼、综合楼、学生公寓、图书馆、体育馆将拔地而起，雄伟壮观；运动场、篮球场、排球场、乒乓球场将闪亮登场，大气漂亮。校园里将绿树成荫、花草满园。项目完工后，学校将成为市内规划布局合理、功能齐全、设施设备一流、环节优美的完全中学。我们将拥有一个优美舒适的学习工作生活的环境。

二、高中部将迁回本校，学校规模更大，人数更多，人心更齐

现在高中部在外面，高中部和初中部如分了家的兄弟，开会、搞活动很不方便。兄弟各一边，也显得人心不齐，势单力薄。高中部迁回来，高中部、初中部在一起组成一个大家庭，开会、搞活动就方便了。兄弟在一起，人心更齐，声势浩大。现在高中部在外面，有寄人篱下之感，没有家的感觉，心有不

安。高中部迁回来，就回到自己的家了，心就安了。总之，高中部回归大家庭，我们学校规模大、人心齐、力量大。

三、我们将面临更多机遇和挑战：中考和初高中招生

学校提质改造完成，我们学校将拥有全市一流的设备设施和优美的校园环境，同时我们将加大学校的宣传力度，树立学校良好形象，这是我们的机遇。中考要取得好成绩，留住好学生，初、高中招生要招收到优质学生，这是我们的挑战。我们要加大中考备战力度，加强教研，强化教学，提高课堂教学效率，出台新的奖励方案，全力调动全体师生的积极性，力争今年中考成绩有更大的提高。为加大初、高中招生力度，学校将出台新思路、新举措，按照政策，学校将面向全市招收家庭贫困的品学兼优的初、高中学生，对家庭贫困的品学兼优学生给予奖学金，并实行助学金制度。通过这些措施力争招收到优质的学生。

四、我们将紧紧围绕提高教育教学质量这个中心，教职工凝心聚力，为我们的学生成长夯基础，力创新，谋发展

同时，也希望我们广大同学乐学习、勤钻研、善质疑，为自己成长注入新活力，取得更好成绩和更大进步。教育教学质量是学校发展的生命线，提升教育教学质量是每一所学校的追求，是学校管理的根本任务。要提高教育教学质量，首先，老师要夯实基础，落实两项常规，因为两项常规是教学质量发展的基石。学校将严格执行《郴州市普通中小学日常管理规范（试行）》《郴州市普通中小学教学常规要求（试行）》。学校将继续加强备、教、批、辅、考的检查力度，继续执行“一月一查一通报”，把常规工作做好。老师还要大力创新。今年将继续大力推进“阅读进课堂”活动，老师在课前5分钟指导性地要求学生有针对性地阅读，鼓励学生主动地阅读，不仅要在课内读，更要在课外读，不仅要读课本，还要学会选择参考读物，指导学生养成写读书笔记的习惯，把读书心得上升为小论文；继续推进“教学质量月”活动，广泛开展示范课、公开课、比武课、研讨课，以及教师技能竞赛活动；老师还要根据学科特

点、班级特点、年级特点适度创新，不论是年级、班级管理，还是教学活动，都要适度创新，在教育教学过程中，给学生以充分展示的机会，发挥学生的创新精神，使学生各尽所能、各展其才。其次，同学们要乐学。就是想要同学们发现学习的乐趣，俗话说："知之不如好之者，好之者不如乐之者。"学习知识重要的是培养学习的兴趣，俗话说"兴趣是最好的老师"。对知识的学习感兴趣，就会变被动为主动，以学习为乐事，在快乐中学习，既能提高学习的效率，还能够加深对知识的理解，这样学到的知识才能够灵活地运用。要想在学习上取得好成绩绝非一件容易的事，古语说："天道酬勤，勤能补拙。"因此，同学们只有勤奋勤奋再勤奋！同学们也许都知道，能够爬上金字塔的只有两种动物——雄鹰和蜗牛。如果说雄鹰的成就是天生才华、一蹴而就的壮景，那么蜗牛的成功则是不舍毫末、持之以恒的勤奋。中国古代有个叫颜真卿的书法家曾经写过一首诗："三更灯火五更鸡，正是男儿读书时。黑发不知勤学早，白首方悔读书迟。"颜真卿是这样说的，也是这样做的，正是靠着勤奋，他才成为中国古代一流的大书法家。古今中外无数例子都告诉我们：要想实现追求的目标，必须把握好人生的机缘，踏踏实实从勤奋做起，最终会迎来成功的那一天。晋朝人车胤孙康囊萤映雪，终成饱学之士；祖狄闻鸡起舞，靠勤奋实现了报效国家的志向；苏秦头悬梁锥刺股，成为战国时代著名的纵横家。这些勤奋学习的千古佳话，值得我们好好学习。学习还要善质疑。孔子说："疑是思之始，学之端。"朱熹说："学贵有疑。"爱因斯坦曾说过："提出问题比解决问题更重要。"学习就要思考，就要质疑，只有质疑，才能促使我们思考、探索，解除我们思想认识上的困惑，提高我们的认识水平，进而获得真知，推动我们的认识和实践不断地向前发展。

五、我们将紧紧围绕打造"平安校园""文明校园"，建设"特色文化校园"，内强管理，外树形象，为建设一个更加安全、更加文明、更富文化特色的十五中而努力奋斗

安全责任大于天，安全关乎每一个家庭的幸福。学校要把同学们的安全工作视为立校的生命线，坚持"预防为主、防治结合、加强教育、群防群治"

的原则，常抓不懈。通过安全教育增强同学们的安全意识和自我防护能力；通过齐抓共管，营造全校教职员工关心和支持安全工作的良好局面。构建文明和谐的校园，建立和谐的师生关系，同学之间友好相处，从而打造文明和谐的人际关系；构建文明和谐的校园，建立良好的学风、良好的校风；构建文明和谐的校园，树立诚信、文明的作风。构建文明和谐校园，让文明之花开遍校园，文明之美扮靓校园。中央教育科学研究所所长兼党委书记、全国教育科学规划领导小组办公室主任、国家督学朱小曼说："学校文化是学校的精神生命和灵魂，是学校办学理念、办学目标、学校精神、制度规范和行为方式的综合体现，它是一种浸润人心的氛围，是一种约定俗成的规则。"校园文化建设是学校的灵魂，也是学校综合办学水平的重要体现。打造特色校园文化，要以人为本，因地制宜，实现环境育人、活动育人，进而促成师生的长足发展，成就师生的精彩人生，形成教育特色。科学管理是学校提高教育教学质量的重要手段，完善、新建管理制度，人文管理与目标管理有机结合，努力打造一支坚强有力的教师队伍是科学管理兴校的重要举措。

天时人事日相催，冬至阳生春又来。新的学期已经开始，新的任务等待我们去完成，新的目标等待我们去实现，让我们带着坚毅与勇气，乘风破浪，奋力前行，用自己的勤奋和智慧，书写人生新的篇章，铸造2017年新的辉煌！

夯实普法教育　创建零犯罪学校

——湖南省郴州市第十五中学创建“零犯罪学校”纪实

郴州市十五中是郴州市市政府重点规划的市教育局直属的完全中学，位于郴州城区西区新城，东临市政府，西邻高铁西站、北湖机场，地理位置优越，校园环境幽雅，学风严谨，校风淳朴，是镶嵌在郴州城西的一颗耀眼的教育明珠。学校占地面积100余亩，现有教学班28个，其中初中部1367人，高中部500人，教职工136人。学校学生大部分来自周边农村，绝大多数为留守儿童、进城务工人员子女，他们法制意识不强，再加上家庭教育的缺失，对他们进行法制教育十分必要。着眼现实，学校积极行动，把加强学生普法教育工作，创建平安、和谐、幸福的校园作为学校工作目标，不断创新普法教育形式，扎实推进，在短短的两年时间内，我校已成长为郴州城区独树一帜的普法特色校园，学校被评为郴州市“零犯罪学校”，得到师生和社会的广泛赞誉。

近年来，郴州市十五中在市教育局的正确领导下，以“关爱明天，普法先行”为契机，以创建“法治学校”为目标，按照创建“零犯罪学校”活动的要求，积极营造良好的法制宣传教育氛围，坚持依法治校和以德治校相结合，法制宣传与法制实践相结合，努力提高广大教职工及全体学生的法制意识，全面推进依法治校工作，创建文明、平安、和谐的育人环境，为教育改革与发展提供了强有力的法制保障。普法之花已在校园绽放，法制意识已植根在师生心田，近年来我校违法犯罪率一直为零，现将此项工作汇报如下：

一、加强领导，明确分工，落实任务

在创建“零犯罪学校”活动中，学校成立了由社区干部、学校领导、派出所民警、司法所干警及“五老”——老党员、老专家、老教师、老战士、老模范为代表组成的领导小组，由校长负总责，抓好创建活动的法制教育制度，根据中关工委【2012】3号及省、市各级文件精神制订了切实可行的实施方案，学校聘请了涌泉派出所政治觉悟高、责任感强、业务精的赵永凯任同志任法制副校长。充分发挥法制副校长对学校法制教育工作的宣传、指导、监督、协调等作用，让公安民警像教师一样走上讲台，走到学生中间，通过讲授生动的案例，以案释法，把法律、道德教给学生，让学生真正学法、懂法、用法、守法，提高他们的法制意识，让他们树立正确的法制观，学会用法律武器保护自己，形成了良好的法制教育氛围。法制副校长和学校做好各项具体的安排、组织和教育工作，班主任等其他德育工作者充分认识法制教育的重要性，引导青少年学生自觉遵守社会秩序，依法维护自身权益，预防和减少学生违法犯罪。

政务处、团委、班主任等各方力量，形成创建“零犯罪学校”活动的合力，通过共同探讨，统一思想，确保了法制教育的一致性。

二、加强制度建设，确保“零犯罪学校”工作顺利开展

学校至开展创建“零犯罪学校”工作以来，建立健全了《郴州市十五中楼道巡查制度》《郴州市十五中日常管理制度》《郴州市十五中治安管理制度》《郴州市十五中消防安全制度》《郴州市十五中卫生防疫制度》《郴州市十五中交通安全制度》《郴州市十五中校园应急处理机制》等相关的校园安全管理制度。根据学校特点，建立完善的考核、评价和激励机制，将普法教育工作成效纳入班级考核、教师考核之中。学校还要求教师在教育教学工作中渗透法制教育，并将此规定写进了教学管理制度之中。在德育工作制度里，特别强调要将学生的法制教育写入议事日程。另外，学校建立健全教师法制培训制度，每期都将采用集中或自学的方式要求教师学习《教育法》《教师法》《未成年人保护法》《预防未成年人犯罪法》和《教师职业道德行为规范》等法律法规，

培养广大教职工依法执教、依法治教的自觉性，明确了学校在未成年人保护及预防未成年人犯罪的要求与法律责任。以上制度的建立，为创建“零犯罪学校”活动奠定了良好的基础。

三、开展丰富多彩的活动，使法制教育深入每个孩子的心中

（一）积极组织开展以“关爱明天、普法先行”主题宣讲活动

（1）学校充分利用各种平台，每学期邀请专业人员到我校进行法制讲座；法制副校长赵永凯也在每个学期分别邀请交警大队、消防大队等到我校进行法制讲座，到目前为止，学校已进行大规模的法制讲座8场。每场的法制讲座，校领导都认真组织全体师生员工认真聆听普法宣讲团的讲座，并要求全体学生及全体教职工书写听后感。

（2）利用学校的远教设备，刻录了来自青少年法律关爱中心的视频30张、中央关工委专家郑子岳的讲座视频20张、中国关工委钱立杰教授的家庭教育视频50张、CCTV12的法制视频20张及《“六五”普法系列音像教材——青少年普法系列光盘》50张，学校通过校园网每学期定时播放4次，并要求收看的学生写观后感。同时，学校还鼓励有条件的学生将光盘借回家放给家人看，让学生家长接受普法教育，学生借光盘达128人次。

（二）周密部署，扎实推进

（1）做好法律常识普及工作，首先要从教师着手，学校普法领导小组先后组织教师深入学习了《宪法》《教育法》《义务教育法》《教师法》《劳动法》《未成年人保护法》《预防未成年人犯罪法》《消防法》《道路交通安全法》《“五五”普法读本》《“六五”普法读本》及《中小学教师职业道德规范》《禁毒条例》《治安处罚条例》《学生伤害事故处理条例》《学生心理常识》等法律法规。在学习方式上，学校采取每周一集中学习、平时教职工自主学习与听法制宣讲团的讲座相结合等形式进行学习并做好学法笔记，同时要求每位教职员工每学期书写一篇学法心得和一篇学法论文，真正做到了落实培训人员，丰富学习内容，保障学习时间，讲求学习实效，通过这一系列的学习，使教职员工既增加了法律知识，又增强了法律意识。

（2）发挥课堂主渠道作用，开展法制教育进课堂活动。学校在课堂设置上，每周开设一节法制课，要求任法制课的教师，以《全国青少年普法教育读本》为教材，严格按照教学要求，备好每一节课，上好每一堂课；学校要求教学其他科目的教师，在日常教学中，要渗透法制教育，且在教案中有所体现。学校还以《中学生守则》和《中学生日常行为规范》为主要内容进行教育，在此期间穿插学生自编的法律儿歌、童谣让学生进行吟诵，目前，学生吟诵的法律儿歌、童谣有50多首。

（3）加强对学生的行为规范养成教育和法制安全教育。"关爱明天、普法先行"活动开始以后，学校的要求是，各值周领导在每周一国旗下讲话中至少要涵盖法制教育；各个班坚持每学期至少开展4次以上以法制教育为主题的班队会活动；政务处每学期至少开展1次以"法律在我心中"为主题的征文、演讲等比赛活动。

（4）结合重大节日宣传法律法规。例如，"六一"节前宣传《未成年人保护法》；6月26日国际禁毒日宣传《禁毒法》，让学生深知毒品的危害性，教育他们"珍爱生命、远离毒品"；开学时宣传《义务教育法》；在交通安全宣传周宣传《交通法》；教育学生不乘坐无证车辆，未满12周岁不能在公路上骑自行车，要走人行道，穿越路口一停二看三行；九月份第3周宣传《中华人民共和国语言文字法》；"119全国消防日"宣传《消防法》，爱护消防设施，举行灭火逃生演练；"12·4"法制宣传日来临之际，学校开展系列活动，以文艺演出等形式宣传法律知识。

（5）构建学校、家庭、社会法律常识普及网络。每学期开学初，学校都要印制一份《致学生家长一封信》对学生家长进行法律常识普及，现已发放10000多份。学校还利用家长会、家长学校、家访等形式，向家长宣传法律知识，积极探索家校配合的最佳途径，追求良好的教育效果；利用课余时间组织学生观看《代号12348》和《青少年普法教育专家讲座》；由于我校的留守儿童多，学校每学期都要与家长签订安全法制合同；此外，我校利用每年的"12·4"法制宣传日，组织学生走进村居、走上街头，对群众进行法制宣传，现已共发放宣传材料15件20000余份。这些活动的开展，使法律常识的普及得到了最大限度的宣传。

（6）开展警示教育活动。学校利用青少年法制教育警示基地，要求每学期教师和学生一道走进基地，观看形象、深刻、沉痛的案例，以实物为教材对青少年进行预防犯罪、预防交通事故教育；观看青少年违法犯罪的典型案例、图片、实物、资料，通过触目惊心的照片、引人思索的文字、发人深省的故事，揭示青少年违法犯罪、交通事故给家庭、社会带来的危害，起到警示、警醒作用。观看完后，学校组织师生通过分析案例、谈体会、写观后感等方式使师生受到触动和启迪，以提高普法教育的效果。

（7）结合与学校师生有关的时事案例，对师生进行普法教育。对网络、新闻爆料及学校周边所发生的带女生开房，教师奸淫、猥亵学生，索要或收受学生财物，体罚和变相体罚学生等案例，对师生进行警示教育。

（三）精心组织，开展体验教育

（1）学校利用“3·15”打假日开展“我是小小打假员”活动，将学生带到学校指定的超市进行物品真伪的鉴定3次，参与学生124名；利用“32·9”中小学生安全教育日播放各类事故的发生，让学生观后受到震撼3次，参与学生6000多人次；利用“4·7”世界卫生日，将学生带到街上进行清除“牛皮癣”、清理垃圾活动，让学生形成讲卫生的好习惯2次，参与学生3680人次；利用“5·20”全国助残日，组织学生到孤寡老人家和残疾人家里，帮助孤寡老人和残疾人干家务活，让学生自觉形成助残行为2次，参与学生23人；利用“6·5”世界环境日，安排学生通过书籍、电视、广播等方式，了解我国乃至世界的环境问题，书写一篇环保报告2次，参与学生2987人次；利用“12·2”交通日，组织学生到街上扮演交警执勤和进行文明劝导100多次，参与学生180多人。

（2）学校普法领导小组安排，每个学生每学期要出一份手抄报；每班每期出一次法制黑板报，现已出120多块；组织学生进行2次普法征文比赛，共收集征文3563篇；各种法制宣传教育活动开展经常化、规范化、立体化，均收到了良好的教育效果，为创建“零犯罪学校”奠定了坚实的基础。

四、“三位一体”，密切配合，稳步推进创建“零犯罪学校”活动

教育是一个系统工程，要搞好学校教育，首先，必须营造一个良好的社会环境，必须取得社会、家庭的密切配合。积极搞好学校、家庭、社会“三位一体”教育，营造良好的育人环境，是学校创建活动的重要环节。为此，学校专门成立了家长委员会，定期召开家长会。还经常召开学校、家庭、社区联席会，形成“学校—家庭—社区”互动的教育机制。其次，学校还建立了班主任与家长联系沟通制度，通过“家校联系卡”“校讯通”“微信群”等联系方式，班主任定期向学生家长反馈其子女在学校的表现，争取家长的支持，共同做好学生的教育工作。

（1）学校每学期由政务处建立问题学生库，对学生存在的问题进行逐一分析，然后有针对性地将有或可能有问题的学生实行“包保”，包保教师通过教育、沟通、跟踪观察、爱心帮扶等方法，对问题学生进行转化。近三年来，学校的问题学生没有出现过违法乱纪的问题。

（2）关注留守儿童，使他们健康快乐地成长。“留守儿童”是学校学生中的特殊群体，“留守儿童”教育是社会普遍关注的新课题，留守儿童往往违纪、犯罪的较多。学校采取了一系列有效措施，促进留守儿童健康成长。学校留守儿童多时达800多名，他们大多性格内向、孤僻、叛逆、厌学等，急需学校的关爱。对此，学校首先开展教师“帮一带一”活动，要求每位教师每学期要帮扶一名以上留守儿童，帮扶教师要从思想、学习、生活等方面对留守儿童给予帮扶，定期找他们谈心，做思想工作，使他们能遵纪守法，不出问题。例如，2016年两个学期、2017年上学期，学校行政除积极结对帮扶资金到位外，校长黄鸿明为高一学生陈敏同学捐资3000元，副校长李晓智为贫困学生捐资2000元，其他校领导、中层干部为了让留守儿童得到关爱、得到温暖，给自己帮扶的每名留守儿童都买了衣物或学习用品等，学校还给留守儿童购买书籍，并集中向他们宣讲怎样进行自我保护，怎样用法律武器保护自己，教育他们要守法护法等，惠及留守儿童430名。

五、校园普法“零犯罪学校”创建成绩喜人

两年来，通过“零犯罪学校”创建活动、法律常识普及活动、普法体验教育活动、“关爱明天、普法先行”主题宣讲活动、普法教育课题研究和交流研讨等一系列活动的开展，学校普法教育取得了可喜的成绩。

（1）师生遵纪守法意识得到增强，日常行为得到规范，好人好事逐年增多。未进行普法教育之初，少数教师法律意识淡薄，上班期间外出做私事，在办公室电脑上做工作无关的事，在课堂上接打手机，随意走出教室，对学生思想教育和养成教育不重视，体罚学生和变相体罚学生等情况时有发生；少数学生没有法制观念，他们不晓文明、拉帮结伙、夜不归寝，打架斗殴、小偷小摸。问渠那得清如许，为有源头活水来。普法教育活动开展以后，教师遵纪守法、尽职尽责，在三年间，学校教师获省级表彰7人、市级表彰2人，成为市级骨干教师7人，全国五四青年奖章1人，湖南省未来教育家培养对象1人；学生学习努力、行为规范，在三年间，吕婉菁等4名同学被评为湖南省三好学生，李京霖等9名同学被评为郴州市三好学生，胡慧滢等同学被评为郴州市优秀学生干部。现在，公交车上的学生文明有礼、主动让座……师生呈现朝气蓬勃、文明礼貌、积极向上的良好风尚，违法犯罪率为零也就理所当然了。

（2）“零犯罪学校”和“零辍学学校”得到加强。学校根据全国青少年普法教育活动办公室“零犯罪学校”评选标准，从基础条件、组织领导、制度建设、队伍建设、阵地建设、活动组织、保障措施、创建成效等方面进行创建，两年来，学校违法犯罪率为零。由于学校以普法作为学校的教育特色，教师尽职尽责，学生乐学勤学，近三年来，学生的辍学率为零。

成绩代表过去，更重要的是展望美好的未来。创建未成年人“零犯罪学校”活动是一项长期的任务，只有使学校青少年法制教育工作制度化、规范化，学校青少年法制教育才能持之以恒、卓有成效地开展下去。在今后的工作中，我们将不断努力，勇于开拓创新，探索加强青少年法制教育工作的新途径，使我校的创建工作再上新台阶。

以人为本，静待花开

——郴州市第十五中学校长黄鸿明专访

湖南省郴州市第十五中学创办于2001年，是郴州市委、市政府重点规划的市教育局直属的完全中学，学校位于郴州西区新城，东临市政府，西邻高铁西站、北湖机场，地理位置优越，校园环境幽雅，学风严谨，校风淳朴，是冉冉升起的教育明珠。学校被评为“2015年—2017年全国零犯罪学校”“2017年全国生态文明教育示范学校”“2017年全国青少年校园足球特色学校”和“2016年—2017年郴州市教育教学质量进步奖”。校长黄鸿明是湖南省未来教育家培训对象、郴州市骨干教师、郴州市教育教学质量管理先进个人。

近几年，郴州市十五中取得一串串如此亮眼的办学成绩，有哪些成功的经验？未来学校的发展规划是什么……带着这些疑问记者对郴州市十五中校长黄鸿明进行了专访。

关注教育精准扶贫　承担社会责任

教育扶贫应该放在精准扶贫的重要位置。教育扶贫从物质上来说，可以保障贫困学生有学可上，从精神上来说是帮助贫困学生及其家庭树立自信，使贫困学生学有所乐、学有所成，帮助贫困家庭构建长久脱贫的屏障和基础，为提升地方民众素质打下坚实基础。

首先，发挥优质教育资源示范引领作用，实施教育精准扶贫。郴州市十五中对口帮扶宜章县里田乡龙溪村部分困难户，一年来，学校先后五次奔赴宜章县里田乡，黄鸿明校长与帮扶户李土改多次交流，为其脱贫献计献策。在了解实际困难后，主动安排其孙子李顺到十五中七年级101班就读；在了解到里田还有很多孩子缺少冬衣后，发动全校师生积极筹措，于2017年12月20日把师生捐赠的1000余件爱心冬衣和暖暖的帮扶真情送至宜章县里田学校；为贯彻落实十九大会议精神，促进教育公平，做实教育精准扶贫工作，发挥优质教育资源示范引领作用，积极提升农村教育质量，学校与宜章县里田学校约定结成兄弟学校，并将深度合作。

其次，关注留守儿童，实施教育帮扶。郴州市十五中地处城乡接合部，约有70%的学生为进城务工经商人员随迁子女、农村留守少年，学校针对上述情况对品学兼优的贫困家庭开展了大力的扶助。仅2017年，就有182名初中学生受惠22万元，135名高中学生受惠35万元。

最后，慰问走访，扶贫帮困。学校积极配合社区，对辖区部分困难学生、离退休教职工、在职困难职工进行走访慰问，2017年共有23人受惠2万余元。

关爱未成年人成长　承担教育责任

教育的宗旨和归宿就是促进“人的全面发展”，党的十九大报告更是指出，要落实立德树人的根本任务。“才者，德之资；德者，才之帅。”教育部印发的《关于全面深化课程改革落实立德树人根本任务的意见》和《中小学德育工作指南》，对立德树人已有详尽的制度安排。黄鸿明校长认为，立德树人不能只停留在学校“做最好的自己”的办学理念上，而要在实践中，把“立什么德，怎么树人”贯穿于学校教育工作的全过程。为此，学校制定了详细的德育规划，具体到各个年级的德育目标和教学计划，真正实现课程育人、文化育人、活动育人、实践育人、管理育人。学校开展了多层次、多形式的德育教育实践活动，如“弘扬雷锋精神，践行志愿服务”学雷锋活动、“清明祭英烈”活动、“消防安全在我心中”消防安全教育活动、“传承中华优秀传统文化，争做文明小市民”活动、“五四”团日活动、“我推荐，我评议身边好人”讲故事比赛、“凡人善举传大爱身边好人暖人心”宣传活动、郴州市第八届青少年才艺大赛、“师恩情深，感谢有您”教师节感恩系列活动、“喜迎祖国华诞，争做文明学生”为主题的国庆征文活动、“学习总书记讲话，做合格共青团员”教育实践活动、“万华杯”体育艺术节才艺大赛活动、“有理想、有本领、有担当”主题团日活动等，均取得了良好的成效。

其次，立德树人是一个系统的工程，涵盖了理想信念教育、社会主义核心价值观教育、中华优秀传统文化教育、生态文明教育、心理健康教育。其中，社会主义核心价值体系是立德树人的灵魂，中华优秀传统文化是立德树人的根基。为此，郴州市十五中以“关爱明天、普法先行”为契机，以创建“法治学校”为目标，按照创建“零犯罪学校”活动的要求，坚持以德治校和依法治校相结合，积极关注未成年人思想道德，努力提高广大教职工及全体学生的法制意识，创建文明、平安、和谐的育人环境，学校被评为“2015年—2017年全国零犯罪学校”。

重视环境教育工作　承担环境生态责任

瑞典教育家爱伦·凯指出，环境对一个人的成长起着非常重要的作用，良好的环境是孩子形成正确思想和优秀人格的基础。

学校始终坚持环境教育与德育教育相结合，走出了一条极具特色的生态文明教育之路。近年来，郴州市十五中抓住学校“提质扩容”的机遇，科学建设配套校园软硬件设施，全面普及节能环保知识，努力构建和谐“林邑”校园文化，构造生态文明校园。把创建生态文明学校和办学特色有机结合，通过绿色主题教育活动、珍惜资源社会实践活动、生态文明进课堂活动、创绿色教室活动、绿色小记者站等活动，坚持实施青少年生态环保社团骨干志愿者培训，组织学生参与创建绿色生态校园，培养学生的文化品位与审美情趣。提升了学生的价值取向，实现了“净美雅校园”。

目前，生态文明理念现已渗透到校园每一个角落，内化到每个师生的意识，学校荣幸地被评为“2017年全国生态文明教育示范学校”。

提升教学质量，承担创新责任

提升教学质量，办人民满意的学校，永远是教育人的追求。在新的形势、新的情况下，如何创新地发展教育，提升教学质量，提升学生的整个能力和水平，这是校长和老师们共同思考的问题。在郴州众多优秀的学校当中，郴州市十五中怎样才能创新教育理念，从众多学校中脱颖而出？

黄鸿明校长认为，除了做好常规工作，更应重视学校教育教学管理的创新。一是致力作业改革，提高学习效率。针对学生作业负担过重的现状，学校以课改理念为指导，以学生发展为根本，以控量提质为目标，以作业增效为导向，开展了“限时分层，适量适度精选，提高效率，精析、用好纠错本”的作业改革活动。舍弃原来的教辅，自主开发作业，从教材、教辅资料中精选题目，从其他教学资料中精选题目来编制作业，设计基础题和拓展题，逐步形成学科作业清单，以求达到精选、实际、高效的作业目的。二是要致力课程改革，奠定学生终身发展基础。学校除了完成国家规定的课程设置外，还要增加适合学生发展的优质课程，凸显学校的办学特色，以求达到优质加特长的目的。因“课改而改课”，为“教学而学教”。各科教学都要立足课堂主阵地，探索课堂教学新思路、新模式。本年度，通过课程的研究、课堂的研究、学生的研究、问题的研究、细节的研究五方面研究工作，着力提升学校教学质量，提升学校教学整体实力。三是大力推进阅读进课堂活动，落实中华优秀传统文化进课堂，引导学生终生学习。老师在课前5分钟要求学生有针对地进行阅读，对于不同的阅读内容，提出相应不同的阅读要求和采取有效的阅读策略。丰富的不拘形式的内容让学生带着问题边阅读边思考，使阅读更有效。学校在原来的基础上，把阅读内容固化形成读本（册子），并进一步落实检测。

（“民生网”2018年2月8日）

用“孺子牛精神”办好学校

创办于2001年的湖南省郴州市第十五中学，尽管已有十多年办学历史，但似乎在当地一直没有什么“存在感”。然而这两年，这种印象逐渐被改变，十五中在郴州教育圈的名气越来越大，生源也越来越好，停车问路，居民马上就指出来：那片红色建筑，就是十五中。

这一切，都源于郴州十五中来了位新校长——黄鸿明。他以“老骥伏枥”“黄牛奋蹄”的精神投入办学之中，关心所有师生的成长发展，短短三年，就让学校大变样。

“如今经济条件好了，教育条件更好了，很多人都认为，办教育，孺子牛精神过时了。”与黄鸿明同为湖南省“未来教育家”培养对象的长沙市雨花实验小学校长万淑兰说，“然而，黄鸿明校长就用他的亲身经历告诉我们，新时代办好学校，仍然需要勤奋、奉献的孺子牛精神。”

以身作则，提振师生精气神

担任郴州十五中校长以来，黄鸿明几乎很少休息。“不是不想休息，也不是没有机会休息。”在黄鸿明心里，总有一种紧迫感，“那种急着要改变学校落后面貌的紧迫感，促使自己不断通过勤奋努力，来提振全校师生的精气神。”

“以前，老师甚至都怕说自己是十五中的。我觉得要彻底改变这一现象，就必须给老师、同学们信心。”黄鸿明说，“为此，我提出三年树形象、六年创一流、十年成品牌的办学目标，要出成绩，就必须付出努力。”

黄鸿明身体并不好，但是为了尽快让郴州十五中提升质量，他每天晚上都工作至深夜，短短半年，就瘦了十多斤。

学校新办高中部，千头万绪，黄鸿明就从早到晚，坚持两个校区来回跑。学校正搞基建，为了防止学生发生安全事故，黄鸿明每天课间都要到校内巡查一遍，师生经常能在校园里看到他的身影。

这两年，十五中不仅建起了教师书吧，推行学校工作餐制度，每个月还会给过生日的教师开集体生日会。一位年轻教师说，当初分配到十五中还有点失落，感觉到了个差学校，没有发展前景，但黄鸿明校长让他看到了希望，在十五中工作很幸福。

迎难而上，从不计较个人得失

很多熟知黄鸿明的人都说，他身上的这股力量，就是迎难而上、勇挑重担的精神。

到郴州十五中担任校长之前，黄鸿明才刚到一所传统初中名校当校长不久，本来可以不用调过来，但市教育局领导找他谈话时，说到这所学校位于城乡接合部，70%以上的孩子是进城务工人员子女，办了这么多年都没有起色，希望能够在他带领下，办成一所老百姓满意的好学校。

黄鸿明想都没想就答应了。

当校长如此，从前当老师、班主任时，黄鸿明也从不计较个人得失。此前在郴州市二中当教师时，黄鸿明每年都担任班主任，12次被评为优秀班主任。2011年，高二年级有50多名基础薄弱的学生学业水平考试过关可能十分困难，知道情况后，黄鸿明主动向学校请缨，承担了这50多名学生的辅导工作……一个多月后，这批学生顺利通过了考试。

爱生如子，给师生带来正能量

对工作投入，对困难担当，但在学生面前，黄鸿明则一改“硬汉”形象，充满了柔情。

郴州市二中毕业生刘艳桃谈起老师黄鸿明，心中仍充满了感激。2010年进入郴州市二中学习时，因家境困难，刘艳桃思想压力很大，学习成绩直线下降。

正是黄鸿明带领刘艳桃走出这段困境，他主动找到刘艳桃谈心，每到周

六、周日和节假日便叫刘艳桃上自己家吃饭，甚至自己掏钱为她支付学费和生活费。黄鸿明还东奔西跑，联系了一家爱心企业来资助刘艳桃。在黄鸿明的关心爱护下，刘艳桃思想逐步稳定，学习成绩突飞猛进，最终考上了心仪的大学。

“我看不得孩子们受苦。”黄鸿明自己也说，“即使当了校长，似乎要不苟言笑，装作很严厉的样子，但是一看到学生，马上就变得温柔起来。”

郴州十五中还设立专门的贫困生奖学金，仅2017年，就有182名初中学生受惠22万元，135名高中学生受惠35万元。

（《中国教育报》2018年11月8日第3版）

机遇与挑战　付出与收获

校长是学校的核心，校长的专业化水平往往决定着学校管理的效能和发展方向。面对越来越开放、兼容、自主、公平的发展环境，校长需要提升价值领导力，在管理中有所为，有所不为。在担任校长的过程中，我深知只有不断提高自我要求，不断促进自我能力成长，才能做一名优秀合格的校长，在此，我总结了一些我的经验。

一、廉洁自律，爱岗敬业

多年来，我以经常学、深入学、持久学作为对先进思想理论追求的学习原则，通过各种途径，坚持学习先进的思想理论，不懈筑实廉洁从政、依法从教、正直做人的思想堤坝；注意在日常工作中用党纪条规来严格要求自己，积极按照党风廉政建设的规章办事，时时自警、自省，处处自重、自励，保持着高度的政治敏锐性、坚定性和鉴别力；始终把“师德”放于首位，以责任和良心为动力，固守教师道德，坚持教师操守，修养为上，谰言为耻，教好书，育好人，固好家，努力提升自己的修为品质和幸福指数。我时刻清醒自持，堂堂正正、踏踏实实、清清白白做人做事，严以修身、严以用权、严以律己，谋事以实、创业以实、做人以实。

我深知作为“人类灵魂的工程师”，必须具有坚固的思想防线和高尚的道德修为。唯其如此，才能让自己无愧于“教师”的这一光荣称号。一直以来，我把做一名学生尊重、同事喜欢、领导认同的教师作为自己终生奋斗的目标。因表现突出，2013年、2014年均被授予郴州市二中“十佳教育工作者”的荣誉称号；先后12次被评为校“优秀班主任”，年年被评为校“优秀教师”，是郴州市二中首届“十佳教师”之一；2012年获评苏仙区政府“十佳师德标兵”；2013年获郴州市教育局颁发“2013—2016年郴州市骨干教师”荣誉证书；2014年被评为“苏仙区明星教师”；2014年被授予“苏仙区优秀教育工作者”的称号。

二、求真务实，开拓创新

1. 教学求实，教法求新

人们常说：“勿忘初心，方得始终。”亦有人言：“敬终如始，善作善成。”身为一名高中历史老师，我在充分理解这些言语的深刻内涵后，便一直把教学当成绝不轻言放弃的阵地。于是，不论行政事务有多忙，我始终把“上出学生最满意，自己很中意的课”作为自己最基础又最重要的要求。至于教法，当我意识到作为老师应该将“教课本”转向“由课本教”后，课堂的教学便不再仅局限于课本，而是力求延伸得广，延伸得深。对于这种有个性、有深度的教学，学生始终兴致昂扬。这些年来，我所教班级的历史学业水平考试合格率均为100%；2008年、2011年、2012年所带高三特长生班，升学率均在98%以上，肖华珊、蒋梦麟、邓莉婷等同学皆成功考入985、211名校；2009年，所带学生李碧琴勇夺郴州市文科状元；2013年，指导青年教师李志亮参加江西金太阳教育研究有限公司组织的“同课异构”活动获特等奖；2013年，指导青年教师罗荣在省里的课堂教学比武中获得一等奖第二名；2014年，苏仙区教育局发函表彰，学校因2013年高中学业水平考试成绩突出，被评为高中学考先进单位。学生兴趣浓厚，成绩处于前列。

2. 年级求稳，管理求新

主管年级，求稳是常态，求新是动态。在对待年级的管理上，我总是主动思考，积极探讨。一是表现在年级教学的指导上。为鼓励和督促各备课组成员备好每一堂课，上好每一堂课，在每学期结束的假期里，我都会召集各备课组长开会，组织各备课组长拟定下学期的教学设想和教学进度，并在开学后印发给备课组成员。我总认为，拨云见日总比浮云遮眼要强。这一做法，既让备课组成员心里明确了教学任务，又在年级里统一了教学进度。当全年级各备课组的教学都是一盘棋时，再来强调备课组活动及教研活动，就是有的放矢，焦点一致了。二是表现在年级管理的方式上。敢于放权年级中层，能凝聚各班主任，善于激励年级老师，能调动年级学生。整个年级，从上而下，和谐团结，上进积极，有认真教者，有勤奋学者。2014年所带高三，高考勇创辉煌：文科居全市第一，并遥遥领先于全市其他学校，纯文化上线164人，市里前4名独居其三，更有英语149分和148分的学生，位居全市榜首；理科421人上线，居全市第二位，高考本科二批上线率和录取率分别为26.86%和27.55%，皆是学校2009年以来的最高值。2015年上学期参与的郴州市统一考试中，成绩显著。我所教年级陈石涛同学勇夺全市第一；全市的前50名，我所教年级学生占据了17个位置。2016年市二中的生物奥赛，有3人获全国二等奖，4人获全国三等奖，获奖档次及人数均居郴州市第一。同时，大胆改革，小心求证。第一，在老师的位置安排上，推行平等原则，解决了老师总是抱怨的情绪问题。机会已给，把握则全在自己，不然，就必须听得进话。第二，在年级的班级管理上，实行科任老师进班级坐班的制度。这一制度的试行，既适当地解放了班主任，又加强了晚自习的纪律，更可让学生有机会问题解疑。第三，在学生的激励上，每次大考后，年级学生集合，奖励那些成绩优异及进步大的学生，以激发全年级学生的学习干劲。第四，在学生的学分获取上，为了督促基础较薄、态度较劣、干劲较低的同学能够学到知识，转变他们的学习态度，我在年级里主张推行学生学分制这一制度，即在每次质检后，按百分制的比例来确定学生的学分。一旦某学生的学分低于40分，那么，除班主任和科任老师重视外，年级也会对其更加关注。合力助推，捂热顽石。第五，在老师“走出去”的事情上，鼓励老师们走出去，更多地接触外校的先进经验。于是，只要有机会，就会主动申请名额让老师们出去吹吹风，吸入更多的新鲜空气，以清醒的头脑、清晰的思路提升自己的教学能力。在年级试行的诸多做法，均收效甚好。

3. 工会求优，活动求新

初入二中，与工会组织成员进行了广泛交流后，我便制定了学校工会的原则，即“掌握主线，把准基点，既有传统，又敢创新”。主线是全面支持学校工作，基点是服务全校师生，传统在于由来已久的做法，创新在于推陈出新的举动。4年里，工会工作在上述原则的指照下，很好地践行了其职责，赢得了全校师生的赞誉：①配合学校工作，多次及时组织召开教代会，让教职工参政议政，关心学校发展。②推行“校务公开”，建立校长意见箱，布置学校“校务公开”公布栏。③组织教职工参加文体活动，如苏仙区教育局组织的“苏仙区2015年‘四型机关’篮球赛”和苏仙区政府组织的“登苏仙岭比赛”。学校工会组织了全校教职工登山比赛、男子篮球赛、女子跳绳比赛、200×8接力赛、50米接力赛、2人3足接力赛等。④关心困难师生。2012年，为黄豪同学募捐13万余元，为雷英老师募捐10万元；2015年，为黄仕奎同学募捐12万余元，为廖振祥老师募捐11万余元。⑤积极为教职工购买了教职工意外伤害保险和女教职工安康保险，组织全校女教职工进行妇检，做好妇女的保健工作，维护妇女的合法权利。⑥组建“义工队”，召开了老年人座谈会，关心离退休教职工。⑦积极与上级工会保持联系。

总之，我校工会在市、区教育工会的领导下，各项工作有效地上传下达，很好地服务于师生。2012年和2013年市二中工会均被评为苏仙区“工会先进单位”。

三、任职苏仙，进取拓新

2016年3月，我担任苏仙中学校长。我任职后的第一要务，便是在加强管理的基础上，注重实效，注重感情，努力打造出一个团结、上进、有思想、敢作为的优质团队。

1. 把脉问诊，确立定位

入主苏仙中学，路在何方，是一度让我陷入深思的话题。经专家指引，领导提醒，同行建议，再结合自己的经历，我坚定了自己的信念，确立了苏仙中学的定位。2016年上学期一进校，我便紧紧围绕“办人民满意学校”的这一中心，提出了以创建“生态校园”为目标，以培养才情兼备的师生为第一要务，以提高教育教学质量为出发点的办学理念，从环境生态、情感生态、课堂生态、学生成长生态四个方面着手，努力推进学校教育持续、健康、和谐、高效地发展。这一思想得到了全校师生的赞同与支持。

2. 率先垂范，言行引领

《史记》有言："其身正，不令而行；其身不正，虽令不从。"确实，作为一个团队的领导者，要想让一个团队具有凝聚力和爆发性，就必须在律人之前先律好己。于是，我在第一次管理层的扩大会议及全体教工的大会上，旗帜鲜明地告知所有苏仙人，要求大家做到的事情，校长应该先行做到。经过三个月的时间，我自信已经在苏仙中学的师生心目中留下了这个言出必行的形象。同时，在学校第一次全体师生的升旗仪式上，我发表了"做一个有才情的人"的讲话，其意在倡导所有苏仙人都应该内修外化，从而将自己的修养和品位提升到更高的档次。目前来看，效果初显。

3. 强化队伍，建好班子

一所学校，上至校级领导和中层干部，下至班主任和科任老师，皆是隶属管理层面的服务人员。如果对这支队伍进行有效的强化，提升他们的管理水准、参与意识和服务态度，那么，这将给学校注入无比强大的凝聚力和战斗力。为此，我提出班子成员团结至上，服务紧跟；班主任多思善想，亲严相济；科任老师爱岗敬业，课堂生动。同时，实行周工作清理和安排制度，定期召开行政会议、班主任会议和教职工大会，强化工作纪律和工作作风督导制度，进行班级文化竞赛、办公室美化评比、文明寝室评比等以"赛"促"优"的活动。这样的举动，能够较快较好地营造出竞争与和谐的氛围。

4. 凝聚人心，务实创新

我总觉得，一所学校其实就是一个大家庭。生活其间，开心为上，结果自然。于是，我倡议学校工会多多组织活动，以丰富教职工的业余生活；带领学校领导班子组织教职工集体过生日；请求上级领导解决教职工夫妻两地分居的困难；设置教师休息室，解决教师午休难的问题。同时，我主张学校应以老师为本，以学生为本。这样的举动，让全体师生感受到了重视，也就有效地转化成了合力，形成了良好的集体工作作风。虽然生活上求温暖与愉悦，但工作上要务实与求新。为加强备课组的建设，我建议校级领导蹲点备课组；为推进课堂教学改革，我建议实行行政推门听课制度，督导室督导制度；为鼓励先进，鞭策来者，我建议实行每月评选教育教学质量优胜奖活动；为提升师生的阅读兴趣，我强力推行“阅读进课堂”活动。上述活动，情感上凝聚了人心，工作上促进了发展。自上任以来，学校的各项工作进展顺利，捷报频传：①示范性高中竞赛获奖217人，占全区总获奖人数的50%，且囊括了7科单科个人第一；②将区“三独”比赛冠军全部揽入怀中；③6名学子经过角逐，取得了市现场作文决赛资格，决赛人数位居全市第一；④演讲比赛全区第一；⑤美术教学比武全市第一；⑥高考、中考圆满完成，实现零差错。

5. 突破瓶颈，科研兴教

传统的教学已入瓶颈，开放的课堂早显张力。现在的学生，有着鲜明的时代性。因此，立足校情，着力课改，科研兴教，方是正道。本学期3月份我接手苏仙，一进校，便遇上了省检的“两督”。于是，我趁势借“两督”之风，改建督导室，形成“三位一体”的督导模式。然后科学分工，大力开展校园生态环境建设。在原有“自主探究，小组互助”课堂教学模式的基础上，深入推进课堂改革。落实“阅读进课堂”，实施“限时训练”，创建“生态课堂”，向课堂40分钟要质量，促进课改向纵深发展。同时，以赛促教，以赛促学，大力倡导“做一个有才情的人”，开展“书香满校园”读书写作大赛、赛课、出题大赛、月教学质量评比等活动，全面推进校园教研活动的开展，提升学校的教研风气。

因此，苏仙中学也获得了2016年郴州市人民政府教育教学质量优胜奖。

四、主持十五中，任重道远

近年来，随着城市化进程的日新月异，“两城”建设迅猛发展，市中心城区的入学压力也越来越大，为解决这个日益突出的矛盾，市委、市政府决定投入1.6亿元对十五中进行扩容提质。我到十五中主持工作后，把高中教育定位为发展优质加特长教育，要走内涵发展之路，走可持续发展之路。

1. 学校发展，理念先行

办学理念是学校发展的总目标，我到十五中后，号召大家要关注学校发展，关注老师发展，关注学生发展。为此，我提出了“师德润校，质量强校，教研活校，安全立校，文化亮校”的工作思路。

2. 打造团队，力创“五好”

只有建设一支团结、民主、开拓的优秀领导团队，才能赢得教职工的信任和支持，从而推动工作的有效开展。通过科学分工，明确职责，根据班子成员各自的特长及工作性质和范围，学校进行了科学分工，做到了大事集体研究，小事相互通气，难事相互支持；做到了在位不虚位，补台不拆台。一年来，基本做到了“领导班子好、党员队伍好、工作机制好、工作作风好、工作业绩好”的“五好班子”建设。

3. 规范操作，提质扩容

在时间紧、程序繁多的情况下，学校完成了高中项目建设征地地勘、规划设计、变更，到目前为止，新教学楼完工，新宿舍主体完工，地下车位及综合楼、体育馆地面土方完成。特别是高中部开设，在短短的45天，完成了食堂、宿舍、教室、实验室、电脑室等场地的改造，保证高中新生在8月14日能准时入校进行国防教育活动。

4. 优质加特长，内涵发展

通过制定《郴州市第十五中学2016—2017年度学科建设规划》，进一步推进全校素质教育和深化新课程下的课堂教学，促进学校特色发展，通过建立《学生成长档案》记录学生成长轨迹，学校还将通过相应的评价机制，引导高中年级开展特色化建设，促进学校科学定位、提升品质、办出特色。调动老师和学生的积极性和创造性，鼓励在育人风格与育人模式创新、课程个性化设计、校本化实施与课程建设等方面形成特色，满足不同潜质和志趣学生的发展需要。

5. 以研促教，提升质量

为进一步调动教职工的工作积极性，尽力达到学校管理“让每位教师都感到自己的存在和重要”的最高境界，学校高度重视教师专业成长，牢固树立“培训是最大福利”的理念，只要有学习的机会，学校都积极选派教师参加，学校共支付教师培训费用将近11万元。上半年，学校邀请了市教科院陈远扬教授做了《如何做课题研究》讲座，黄美凤和李青云两位教授做了中考实地研讨；为增强新进教师的职业道德素养和教师素养，8月份举行了新进教师岗前培训；为提升全校教师的师德素养和教育教学能力，9月份开展了为期两天的教师专题培训活动，省教师发展中心龚明斌主任、市政府主任督学曾广清等6名省市知名教育专家被请到学校分别做了前沿的教育教学思想、理念和管理方法专题讲座；10月份，组织了部分教师的普通话培训；12月份，组织全体教师进行了微课制作培训。寒假期间，学校举行了“教师的核心素养”培训，邀请了湖南省教科院周宁之、衡阳师院凌云志等专家授课。学校把活动成果整理汇编成《郴州市第十五中学校本教研——教师培训篇》和《传中华经典，做美德少年》。

6. 注重技能，注重实绩

学校组织教师参加了市教科院组织的“郴州市中小学学生综合素质与能力”大赛，分别有语文、数学、音乐、美术、物理、化学及生物老师参赛，我校李水英、吴鹏飞、李砺、李毅琼、周玉姣、谢武生、廖春燕、李和平、于伟、谭志等老师获得优秀指导老师奖；在数学教师解题大赛中，我校欧阳杰红、郭丽芬、贺佩、侯海洋、唐亚昕等老师获一等奖，郭传象、刘青山老师获二等奖；在历史教学竞赛中，樊霞老师获省、市一等奖，我获得优秀指导老师奖；在“湖南省首届中学生建制班合唱比赛活动”中85班获省一等奖，周肖霞、彭钰均老师获优秀指导老师奖，尹婷莉老师获班主任组织协作奖；在湖南省首届国学知识竞赛中，学校代表队在郴州复赛比赛中获三等奖，何良俭、侯爱兰老师获优秀指导老师奖。一年来，学校在各类比赛中，获省级奖励的有8人次，获市级奖励的有48人次；论文获省级奖励的有5人次，获市级奖励的有23人次。

7. 校园文化，提升品位

十五中努力加强学校文化建设，不断提升学校文化品位，构建起了学校文化在内涵和外延上的基本框架。在加强学校制度建设的同时，学校还以教育教学名人警句为主体，结合社会主义核心价值观、中国梦、全国文明城市创建活动、志愿者服务精神等内容进一步规范了教室和办公室的布置，完善了走廊、梯间楼道、花台、操场的标语、标牌设置，使学校处处体现出较为浓厚的文化育人氛围。

为给全校教职工搭建一个充分拓宽视野、展示自我、互相学习的平台，学校自2016年下学期起举办“万华讲堂”活动。

对外宣传工作紧紧围绕突出中心、服务大局、树立形象、凝聚人心，拍摄了学校宣传片，制作了学校形象宣传册，撰写各类通讯12篇，微信公众号发表7篇，日报发表1篇，教育信息网发表4篇。同时，学校开设了微信公众号，利用网络平台推介学校亮点工作、主要成绩，起到了非常积极的宣传引导作用。

五、研教结合，笔耕不辍

一直以来，我都认为，一位优秀的教师，除了是学者型，还应是科研型、智慧型。对此，我一直孜孜以求。在全力备课，认真上课的同时，我最喜欢在闲暇时将思考付诸笔端。这样，一篇篇论文出现在了国家级、省级、市级、区级、校级刊物上，并在不同级别的评比中获奖。作为市二中2010年省“十一五”规划课题《高中课改理念下的教师成长研究》的主要成员，该课题已结题，并获良好等级；2010年出版专著《高效A计划》；主持编写《初中历史教学参考书》；2011年《高中历史教学的创新》在教育理论学术期刊《学园》上发表；2012年撰写的《中西文化差异根源的试探讨》在第三届“湖南教育教学创新奖”论文评比中荣获二等奖；2012年撰写的《中西文化差异根源浅析》发表于《中学历史教学参考》第8期；2012年《中国女性参与政治研究》一文，在苏仙区委党校第35期科干班论文评比中获优秀论文；2013年撰写的《新课改与高中历史教学的结合教育》在《东西南北教育博览》发表；2014年撰写的《构建高中历史优质课堂的探索》在《当代教研论丛》上发表；2015年参与编写《郴州市第二中学校志（1943—2013）》，在湖南教育历史文化成果评选中获二等奖；2015年，《做一个有才情的人》《阅读进课堂，书香满校园》两篇文章在《郴州日报》上刊登；另外，任职教务处主任时，开始在全校着力推行“导学课堂”模式教学，有效地带动了全校师生对教学内容的思考与研讨。此举在省内外反响较大，不少省内外的学校纷纷前来观摩交流。担任年级主管校长时，我在全年级教师中倡导对近三年高考题进行研究，并大胆进行前瞻性预测，最终，全年级老师将自己的理解与思考汇集成册，组成了各科的《高考研究》一书，此书在学校的校本教材评比中获得一致好评。

教育是崇高的，也是严谨的，更是多彩的。我坚信机遇与挑战并存，付出与收获齐飞。当然，工作中肯定还存在诸多的不足，但我一定会在前进中不断改进，以期达到更美好的前景。

因势而谋，应势而动，顺势而为

过去的一年，学校因势而谋、应势而动、顺势而为，乘着党的十九大东风，紧密按照市教育局2017年工作要点及工作安排，坚持“做最好的自己”的办学理念，弘扬“新、润、实、诚”的十五中精神，笃从“师德润校，质量强校，安全立校，管理兴校，文化亮校”的办学策略，按照“三年树形象，六年创一流，十年成品牌”的工作目标，着力培养自尊自信、优雅和才情兼备的老师，以及感恩知责、阳光健康、学习进步的学生，加强工作的执行力度，以“执行力就是生产力”为目标，较好地完成了各项工作。

2017年，学校各项工作取得了长足的进步。学校在综合管理管理方面，被评为“2015年—2017年全国零犯罪学校”“2017年全国生态文明教育示范学校”“2017年全国青少年校园足球特色学校”和“2016—2017年郴州市教育教学质量进步奖”。师生在各级各类竞赛中屡屡获奖，有1人获省教学比武一等奖、2人获省教学比武二等奖、1人获省教学比武三等奖，有10人荣获市教学比武一等奖；在第十届全国中学生数理化学科能力竞赛中，我校有5名同学获郴州赛区一等奖、8名同学获郴州赛区二等奖、33名同学获郴州赛区三等奖，且全部晋级。

为使学校获得长远发展，作为校长，我从以下几个方面进行了总结和思考：

一、优化管理，构筑人文校园

1. 制度管理

学校将把尊重教师、理解教师、支持教师、发展教师、成就教师放在首位，本年度结合学校实际、教育新形势，再次审视原有的管理运行机制，修订完善《郴州市十五中教师专业技术职务评审方案》《郴州市十五中奖励性绩效分配办法》《郴州市十五中2017年公开招聘教师工作方案》《郴州市十五中2017年公开招聘免费师范生及优秀人才工作方案》等符合学校实际的各项相关条例制度，使之具有更强的针对性、规范性、激励性、实效性，充分发挥制度约束人、激励人、服务人、发展人的功能，最终变规章制度为职业自觉，不断提升教职员工的职业素养，队伍的和谐性、执行的自觉性、工作的主动性、积极性和创造性显著提高。

2. 层次管理

学校实行层次管理，找准定位，重心下移；坚持网状管理，突出横向到边，纵向到底；坚持扁平管理，善于贴近实际，解决问题。进一步强化各部门职能，做到职能定位，角色定型，没有“分管”，只有“负责”，各负其责，一抓到底；进一步突出年级组长、教研组长、备课组长在学校管理中的骨干地位，让年级组长、教研组长、备课组长真正成为管理领路人、学科带头人、质量把关人。

3. 文化管理

“用文化氛围熏陶，用精彩活动引领”，本年度学校继续开展“万华讲堂”宣讲活动、“身边的榜样”事迹展评活动，今年，有更多的家长、社会力量参与到学校的管理中来，通过身边榜样的感人事迹，唤醒、激发全体师生的责任意识、上进意识、奉献意识、创新意识和品位意识，让每一个十五中人都拥有着意向善、向上生长的积极奋发的行为状态。本年度涌现出一大批优秀的教职工，在今年的教师节期间举办了“三十佳”评选，通过严肃认真的考核，评出38名优秀的教职工，更为可喜的是夏玲老师成功当选为今年7月的“湖南好人”。

二、关注未成年人，创设生态德育

着眼学生发展，关注生命成长，本年度学校继续坚持“立德树人”的德育主题，着力建设富有生长气息、生命气息、人文气息的德育文化，让德育真正走向人本，走向温馨，走向心灵，为学生的幸福人生奠基。

1. 完善制度，抓好共青团、少先队建设

坚持学生自治，实行“志愿者监督岗”和“学生会值班制度”共同监督的制度，继续以学生自治的形式进行校园常规管理，重点对学生的课间规范、卫生保洁工作、文明礼仪、两操、路队纪律等进行监督。做到每天上午、下午两查，督促学生的一言一行，维护校园的文明美丽，每周总结，每月评比，评选出当月“文明教室”“文明寝室”，并在升旗仪式上隆重表彰，颁发流动红旗，以此激励学生自觉遵守学校常规，使校园“文明之花”常开。坚持以活动为主题的常规阵地建设，坚持每月一个德育主题，各班每月出一次班级板报，丰富了班级文化阵地内容。

2. 以活动为载体，丰富学校德育内涵

一年来，学校举办了多层次、多形式的德育教育实践活动，3月份组织开展了“弘扬雷锋精神，践行志愿服务”学雷锋活动；4月份组织了开展“清明祭英烈”活动、“消防安全在我心中”的消防安全教育活动和“传承中华优秀传统文化，争做文明小市民”活动；5月份开展了“五四”团日活动；6月份开展了“我推荐，我评议身边好人”讲故事比赛、“凡人善举传大爱身边好人暖人心”宣传活动，组织师生参加了郴州市第八届青少年才艺大赛和“五四”青年教师户外素质拓展活动；9月份开展了纪念抗战全面爆发80周年档案图片史料展，教师节开展了“师恩情深，感谢有您”教师节感恩系列活动；10月份开展了以“喜迎祖国华诞，争做文明学生”为主题的国庆征文活动和“学习总书记讲话，做合格共青团员”教育实践活动；11月份重组校志愿者，发动广大团员和入团积极分子开展校园志愿服务活动，组建校礼仪队和鼓号队，组织礼仪队和鼓号队的培训；12月份开展了第一届“万华杯”体育艺术节才艺大赛活动、“有理想、有本领、有担当”主题团日活动，以及“学习贯彻十九大精神，争做新时代的弄潮儿”十九大精神宣讲活动。今年，学校团委获得“2016—2017年度五四红旗团委”“2016—2017年度共青团工作先进单位”荣誉称号，廖茂花同志被评为“开展共青团工作优秀校长”，罗敏学同志被评为“湖南省优秀共青团干”，李勇、邹红晶、吕辉、周玉姣、郭丽芬5位老师被评为“开展共青团工作优秀班主任”，侯爱兰、邓卫兰老师被评为第八届郴州市少儿才艺大赛决赛最佳指导老师；王佳玲同学获得湖南省少先队员“两型金章”，陈敏同学被评为“湖南省优秀共青团员”，《我怎样长大》《美丽的侗乡》荣获第八届郴州市少儿才艺大赛决赛集体项目二等奖，贺浩、刘嘉豪同学分别荣获第八届郴州市少儿才艺大赛个人项目故事大王决赛金奖和银奖，李彤琳同学荣获第八届郴州市少儿才艺大赛个人项目综合绘画比赛铜奖，李颖同学荣获第八届郴州市少儿才艺大赛个人项目硬笔书法比赛金奖，邓寻同学和罗雪芳同学荣获该比赛银奖，郭文同学和骆虹媛同学荣获该比赛铜奖。

3. 普法先行，依法治校

学校认真执行《关于对中小学在职教师有偿办班补课和乱订资料的暂行处理规定》，与在职教师认真签订相应的责任书，无乱办班、乱订资料行为。认真落实收费公示制度、收费通知单制度，将收费公示单和家长签字的收费通知单收回，规范装订存档。开展民主评议“家长满意学校”测评工作，对问卷测评结果规范统计，对存在的问题认真查处，并提出切实可行的整改措施。成立普法工作领导小组，职责、制度健全、规范；认真制订2017年普法工作计划，按计划开展普法活动，年末认真总结。制定切实可行的《“法律进校园”活动实施方案》；以“关爱明天，普法先行”为主题开展贴近师生实际的法律宣传教育活动；充分发挥校外法制副校长和法制辅导员的作用，每年度开展一次专题法制辅导讲座。由于工作扎实，效果明显，学校被评为“2015年—2017年全国零犯罪学校”。

4. 精准扶贫，关注教育扶贫、教育助学

郴州市十五中对口帮扶宜章县里田乡龙溪村部分困难户，一年来，学校派人先后五次奔赴里田，与帮扶户多次交流，为其脱贫献计献策。在了解困难户的实际困难后，学校主动安排困难户李土改的孙子李顺到七年级101班就读；了解到里田还有很多孩子缺少冬衣后，发动全校师生积极筹措，于12月20日把教师捐赠的爱心冬衣和暖暖的帮扶真情送至宜章县里田学校；之后，十五中还主动与宜章县里田学校约定结成兄弟学校，将进行教育帮扶、教育交流。

三、锤炼师能，打造优质团队

本年度学校着力营造良好的学习氛围，围绕“坐下来读书以增底气，静下来思考以现灵气，沉下来实践以成名气”的理念，为全体教师创设良好学习环境，通过一手抓学习，一手抓研究，面向全体，突出骨干，全面提升教师的职业道德与专业素养，培养学校高素质团队！

1. 活动修身

本年度通过开展“办大家满意的教育，当人民满意的教师”“争做学生最喜欢的老师，教成学生最喜欢的学科”“学习身边的榜样”等系列活动，促进全体教职员工树立正确的世界观、人生观和价值观。塑造十五中优秀教师形象，增强教职工坚定的职业信念，

2. 学习塑能

“读书滋养底气，休闲放牧心灵。”继续开放教师书吧，继续开展“与阅读共成长”的活动，打造书香校园。让教师与经典结伴，与大师会晤，与阅读同行，通过阅读借鉴经验，经营自我，确立追求事业的理想和信念。结合暑期教师培训活动，学校让参加培训的教师撰写培训心得，并把活动成果整理汇编成《郴州市第十五中学校本教研——教师培训篇》；举行暑期读书活动，举行学科教研组最新理论学习发布等活动。通过开展多样活动，丰富教师生活，提升教师素养。

3. 活动练才

本年度学校加大骨干教师的培养力度，发挥好骨干教师、名教师的引领作用。为骨干教师成长创造条件，学校着力做好三项工作：一是访名校、拜名师，走出学校，实地观摩取经，与行家切磋，与名家同台，与大师对话；二是交流展示外出亮相，通过为骨干教师搭台子、架梯子，让他们经历活动打磨，公开展示；三是实践反思、总结提升，让骨干教师在实践中反思，在反思中总结，在总结中提升、成长。在本年度，教师参加国培、省培、市培、校本培训的经费达18.72万元，比上年度增长6.5万元。8月份，举行了为期三天的教师专题培训活动，邀请了山西省名校长常玉玺校长、湘南学院外国语学院院长张建

佳教授等5名省市知名教育专家到学校分别做了前沿的教育教学思想、理念和管理方法专题讲座。9月份，邓佑红老师参加湖南省教科院组织的中学英语专家赴桂东“送教送研”活动，张安艳老师参加新疆托克逊县远程同步教研活动，均获得专家一致好评。今年，在市一级的学科教学比武中，我校欧阳慧、樊霞、李水英、谢成名、雷燕丽、欧阳杰红、张安艳、周肖霞、邝锦芳、李陈兵10位教师荣获市一等奖，曹亚芳、周斌伟、周媛三位老师荣获二等奖；在省一级的学科比试中，欧阳杰红老师荣获省一等奖，周肖霞老师获省二等奖，李陈兵老师荣获省三等奖。我校教师撰写的31篇教育教学论文获国家级、省市级奖或发表。

四、提升质量，铸就优质品牌

教学是中心，质量是生命。学校紧紧抓住教学这一中心工作，牢牢把握质量这一生命线，严格执行省教育厅“五严”规定，推进有效教学，深化素质教育。

1. 强化常规管理，保证规范运行

按“五严规定”，严格执行课程计划，“开齐、上足、教好”各类课程；严格控制学生在校学习时间，严格控制学生作业总量与考试次数，实行作业教研组统一、班主任统筹制度，切实减轻学生过重课业负担；全面落实《郴州市普通中小学日常管理规范（试行）》《郴州市普通中小学教学常规要求（试行）》，进一步加强教学过程“六认真”管理，切实抓好备课、上课、作业、辅导、考核、总结等环节的指导、检查与反馈。教务处通过重点检查或专项检查等不同的抽查形式，抓实检查与整改环节。

2. 致力作业改革，提高学习效率

针对学生作业负担过重的现状，学校以课改理念为指导，以学生发展为根本，以控量提质为目标，以作业增效为导向，开展了“限时分层，适量适度精选，提高效率，精析、用好纠错本”的作业改革活动。舍弃原来的教辅，自主开发作业，从教材中、教辅中精选题目，从其他教学资料中精选题目来编制作业，设计基础题和拓展题，逐步形成学科作业清单，以求达到精选、实际、高效的作业目的。

3. 致力课程改革，奠定学生终身发展基础

学校除了完成国家规定的课程设置外，还要增加适合学生发展的优质课程，凸显学校的办学特色，以求达到优质加特长的目的。因“课改而改课”，为“教学而学教”。各科教学都要立足课堂主阵地，探索课堂教学新思路、新模式。本年度，通过课程的研究、课堂的研究、学生的研究、问题的研究、细节的研究五方面研究工作，着力提升学校教学质量，提升学校教学整体实力。

① 定主题：围绕“课程特色和课堂特色”进行研究思考，确立了“优质加特长”的十五中课程改革的行动目标和课堂改革行动计划。拟分为基础类课程、拓展类课程和社会实践活动类课程。

② 有方法：加强平时每月教学调研工作，加强教育质量监控。通过年级组调研及时了解各学科存在的问题，对薄弱年级、学科采取跟踪调研，做好学科质量调研的分析、总结工作；着力于学校“培优补差”工作，着力于学校毕业班教学工作，通过多样性活动激发教研活动，提升教学质量。

③ 有效果：2017年中考分数再创新高，概率全面提升。各科平均分从63.1提到74.59，总分优秀率从17.52%提到20.72%，良好率从23.68%提到39.3%，优秀率从1.21%提到1.79%，7A率从8.16%提到8.59%；上省示范性高中人数有较大提升，达到54人，600分以上人数达到151人；在2017年全市质量检测中，对比全市12所省示范性高中，原高一年级的地理、历史、政治成绩排名分别位于全市第8名、第9名和第11名。因此，学校被评为“2016—2017年郴州市教育教学质量进步奖”，黄鸿明校长和王朝霞老师被评为“2016—2017年郴州市教育教学质量进步奖”先进个人。

4. 阅读进课堂活动，引导学生终生学习

本年度，学校继续大力推进阅读进课堂活动。老师在课前5分钟要求学生有针对性地进行阅读，对于不同的阅读内容，提出相应不同的阅读要求，并采用有效的阅读策略。丰富的不拘形式的内容让学生带着问题边阅读边思考，使阅读更有效。下学期，学校更要把阅读内容固化形成读本（册子），并进一步落实检测。

5. 丰富学科活动，打造特色品牌

学校开展了丰富多彩的学科活动，为学生创设浓郁的学习氛围，搭建施展才能的舞台，分享学习成果，展现出学校学科教学个性化教学特色。

语文学科：开展以“中华经典诵读”为主题的语文读书活动。语文组以各个备课组为单位，集思广益，推出了丰富多彩、各不相同的活动内容，如七年级开展了汉字书写比赛，高一年级成立了文学社，并参加了全国中小学生创新作文大赛。

数学学科：举行学科能力竞赛活动。在第十届全国中学生数理化学科能力竞赛中，我校有5名同学获郴州赛区一等奖、8名同学获郴州赛区二等奖、33名同学获郴州赛区三等奖，且全部晋级。

英语学科：各年级开展了英语学科活动，使学生浸润英语，感悟英语，并通过班级英文朗读比赛、英语配音大赛、英文板报布置等活动，充分挖掘每个学生的潜质，让学生在活动中找到自信，让英语走近每个孩子。

音体美学科：音体美各学科积极组建兴趣小组和特长训练队，并有效地开展训练。一年来，效果明显，在学校第一届“万华杯”体育艺术节暨田径运动会上，学生均表现出良好的素质，学生无论从身体上还是心理上都昂扬向上，校园生活健康充实。

五、扎实课题，提升科研实力

在“围绕教学搞科研，搞好科研促教学”的科研思想指导下，学校充分发挥课堂作为课题研究主阵地的作用，使课题研究做到基于教育教学，带着课题进行日常的教育教学工作。把课题研究与教学结合起来，并把科研工作与主体化校本教研有机结合起来，每位教师进行小课题研究，凸显教、研、训一体化的科研理念。

1. 打造校园文化

今年，学校第一个省级课题《以林邑文化为特色的校园文化建设的实践研究》顺利开题，学校积极投入人力、物力开发校本教材《林邑文化》，取得了良好的效果；语文组市级课题《基于学生语文核心素养培养的初中现代文阅读研究实践》也已立项，并在紧锣密鼓的研究实施当中。

2. 强化校本培训

本年度，一方面通过专家讲座、示范课、个别辅导，增强了教师的理论素养及教育教学水平。努力发挥学校教学骨干的引领作用，完善师徒结对机制，骨干教师和带培徒弟签订师徒结对合同，在上课、教学论文、教学业绩等方面对青年教师进行全方位的指导。并充分利用教研活动时间组织老师们开展教学沙龙、观看优秀课例、讲教学故事、课例打造和案例研究等活动，用经典课例引导教师掌握深度学习课堂的教师教学行为，不断提高教师的教育教学水平。另一方面积极探索和践行网络教研方式，充分利用各学科中心组和各青年教师学术研究团体，通过建立对话、交流和指导的网络机制，扩大教师研修的参与面和受益面。通过电子设备和远程资源加强教师的专业发展，促进他们知识和能力的更新，提升他们的素质。搭建更多更强的互动交流平台，积极组织教师参与在线研修活动，引导广大教师开展“e学习”研究，提升利用信息技术支持学习的能力。

3. 围绕推广抓科研

本年度，我们加强科研成果的推广和转化工作，注重积累优秀的案例，总结形成课题结题的论文集和案例集，并及时将成果应用于教学实践，定期进行成果转化效益评价，使科研成果效益最大化。同时，鼓励教师踊跃在市级教育科研刊物上发表科研论文、反思、案例等。加强校内、校际、地区间的信息互动，展示课堂，研究课堂，提升课堂，促进大家以前瞻的眼光观望教科研动态，以开放的姿态感受教育新潮。

六、优质服务，构筑有力保障

学校后勤工作坚持以人为本、服务师生、勤于管理、注重实效的精细化工作理念，在做好日常检查、维修、发放等后勤保障工作任务以外，完成了以下工作：

1. 规范操作，积极做好学校提质扩容及设施设备的添置与维修

在时间紧迫、任务繁多的情况下，我们完成了提质扩容高中项目建设的主体项目。到目前为止，新教学楼、新宿舍及配套设施交付使用，新综合楼、体育馆、运动场初具规模。特别是新教学楼、宿舍楼交付使用和食堂改造一事，我们在35天内，完成了教室、宿舍、食堂配套设备设施的采购、安装与调试工作，保证高中新生在8月28日能准时入校。另外，本年度，总务处在对校园美化、安全等设施、设备的维护及对教学用品、劳动用品的选购上做了大量工作，保证了学校正常的教学工作，并力求为学校节约资金。

2. 做好校园亮化、美化、绿化工作

本年度，为贯彻创建国家文明城市精神，着力开展生态文明学校创建活动，科学建设配套校园软硬件设施，全面普及节能环保知识，努力构建和谐林邑校园文化，打造生态文明校园。通过开展一系列活动，如绿色主题教育活动，珍惜资源和社会实践活动，生态文明进课堂活动，打造绿色教室、绿色小记者站活动，组织学生与社区共建绿色校园等，来培养学生的文化品位与审美情趣，提升学生的价值取向，实现“净美雅”校园。同时，对宣传橱窗、文化墙进行更换。新栽花草30000株，新建花栏及围栏300多米，新增绿化面积1000多平方米，覆盖裸露黄土300平方米，为文明校园打造增添浓重的一笔。今年，学校成功创建“全国生态文明示范校”。

3. 规范食堂管理，更好地服务师生

本年度，学校严格遵照上级要求，设备设施添置与改造同时进行，操作间、用餐厅焕然一新。食堂采用岗位目标责任制，层层签订责任书，从采购、加工、消毒各个环节做到严格要求，精益求精。主管领导每日一查并签字评价，成立了“膳食委员会”。正因为精抓管理，食堂每周菜谱精致，菜品营养丰富，卫生好，口感佳，赢得广大师生和家长的一致好评，食堂满意率逐月攀升，教工食堂综合满意率达到100%，学生食堂综合满意率达到96.1%。

七、关心教工利益，凝聚师心

学校从关心教职工的工作与生活入手，以为教职工办实事做好事为抓手，力求达到凝心聚力谋发展的目的。为教职工排忧解难，急群众之所急，想群众之所想，学校建立了困难教职工档案；为解决教职工最关心的健康问题，学校今年进行了全体女教职工妇检，今年为所有教职工购买了医疗互助保险、防癌保险。

为进一步丰富教职工的课余生活，10月份，学校组织气排球队参加全市第十二届教职工运动会，获市直学校组气排球第四名，团体总分第六名；11月份，组织了教职工趣味运动会；每月为教师集体庆生；另外，还利用三八、五四、重阳等节庆日，组织在职教师和离退休教师开展活动，特别是教职工运动会和庆元旦迎新春晚会活动，让教师陶冶了情操，放松了心情。

八、分析成绩看到不足，展望未来信心倍增

2017年，通过全校师生的共同努力，学校的教育改革创新工作取得了重大突破，教育教学质量稳中有升，校园文化建设取得了重大进展。在取得这些成绩的同时，我们也清醒地认识到了自身的不足：一是学校各方面的管理考核还需进一步完善规范；二是教学质量需进一步提高；三是新课程改革需进一步加大力度；四是特色教育需进一步加强。

凝心聚力谋发展　砥砺前行谱新篇

“林邑郴州，钟灵毓秀，涌动着教育起飞带来的崭新气象；十五中学，培育英才，激荡着改革创新、锐意进取的勃勃生机！”回首过去的一年，郴州市第十五中学全校师生凝心聚力，收获了硕果与感动。这一年，学校注重自身素质和能力的提高，以人为本，科学管理。教师更加注重专业发展，潜心钻研，智慧从教，关爱学生；学生更加努力奋发，脚踏实地，修身自律，勇争上游，每一位十五中人都在用实际行动诠释着十五中精神。

一、潜心发展理念目标思路清

（一）树高端，接地气，办学理念坚定

办学理念：做最好的自己！

郴州市第十五中学坐落在郴州市经济开发区万华大道，是一所城乡接合部的典型薄弱学校。与郴州市六中、郴州市九中等市内名校相比，很多郴州人都不知道十五中在哪儿，学校教学质量不高，形象不好，口碑不佳，知名度不高。

2016年，市十五中迎来了新的发展机遇，市教育局选派我来到十五中担任新一任校长。2016年7月，上任伊始，根据我所了解到的十五中正处于转型发展的关键时期这一实际情况，深思熟虑后，我提出了“做最好的自己”的办学理念，“做最好的自己”这一理念既高端，也符合十五中的实际情况，接地气，具体内涵是：十五中的教育要为学生终身发展奠基，教研要为教师职业幸福铺路，育人要践行做最好的自己；做最好的学校，做才情兼备最好的老师，做感恩、阳光、健康、进步的最好学生，做最好的家长。

（二）树形象，创一流，办学目标明确

办学目标：三年树形象，六年争创一流，十年成品牌。

“眼界决定境界！”结合学校办学理念，我响亮而大胆地提出“三年树形象，六年争一流，十年创品牌”的这一坚定目标：力争三年树立学校正面形象，六年争创全市一流学校，十年创立十五中优质学校品牌，注重挖掘特色、培养特色、打造特色。通过全体教职工的共同努力，在学校“优质+特长”的培养模式下，抓好“励志班”教学成绩的同时，注重特长生的培养、创新人才的培养，力求打造书香校园、科技校园、创新校园。为了这个目标，十五中将坚持以“优质+特长”为目标，因材施教，张扬学生个性，面向未来、面向现代化；为了这个目标，全体师生将同心同德，共同努力，去开创更美好的明天！

（三）多方面、全方位，办学思路清晰

办学思路：师德润校，质量强校，安全立校，管理兴校，文化亮校。

师德润校：市十五中全面实施素质教育。坚持“三爱”（爱祖国、爱学校、爱自己）“三心”（静心、精心、尽心），实施立体式爱心教育，用爱心办教育，学校校长、干部、老师关注到每一个学生，让每一个孩子都感受到爱，用爱铸造一个个健康、乐观、坚强、独立的灵魂。

质量强校：市十五中落实两项常规，以提高创新能力为核心，带动学生整体素质的自主构建和协调发展，大力推进“阅读进课堂”活动、“教学质量月”活动，广泛开展示范课、公开课、比武课、研讨课，以及教师技能竞赛活动，打造“双师型”教师队伍，让“提高教育教学质量”成为强校之路的关键一环。

安全立校：市十五中时时刻刻把安全工作放到第一位，从细微入手，从细节抓起，从严、从细、从先、从紧抓安全，不放过任何影响安全的不稳定因素。学校层层签订安全工作责任书，构建学校安全管理网络，不断完善健全学校安全工作规章制度，建立安全意外事故处置预案制度，真正打造平安校园。

管理兴校：市十五中实行行政、教学双线管理，注重实绩、注重激励，调动每一位教职工的积极性，为学校发展贡献自己的力量。将人文管理与目标管理有机结合，实行教代会制度和校务公开制度，凝心聚力，群策群力，充分发挥教职工主人翁精神，保证各项制度的有效落实。

文化亮校：市十五中将校园文化作为一种环境教育力量。建“林邑文化”校园，依托本土文化，突出郴州特色，让师生享受独具特色的林邑文化的熏陶；建文明校园，深化创建文明校园的内涵，突出创建文明校园的精神，体现创建文明校园与学校文化教育的互动融合；铸师生家园，美化环境，美化言行，美中求特，结合校情发挥师生创造力，创出文明校园教育特色，让十五中真正成为师生的家园。

二、凝心聚力和谐奋进新局面

（一）团结奋进、开拓创新的领导班子

市十五中有一个团结奋进、开拓创新的领导集体。学校现有领导班子成员六人，我担任校长，坚持用先进的教育教学理念和思想武装自己，不断强化自己的责任感、使命感和紧迫感，求实创新，开拓进取，为学校的发展尽心尽力。党支部书记廖茂花是一名市优秀共产党员，一直以积极的工作态度和饱满的工作热情，认真地履行着一个党务工作者的职责。教学副校长李晓智具有丰富的管理经验，是市级骨干教师，工作中狠抓教学常规管理，保证了教育教学工作的有序开展。副校长周孚进一直从事后勤管理工作，围绕“细致、高效、服务”的工作宗旨，把学校的后勤总务工作管理得井井有条。纪检书记陈建华，服务大局，保障学校各项重大决策的贯彻落实，为学校转型和发展提供了有力保障。督学何良俭，是市级语文骨干教师，有着极强的敬业精神，一直积极为师生服务，工作兢兢业业。这是一支互补性强、合作性好、实效性高的强有力领导班子。学校坚持校长负责制，充分发挥班子成员各自的风格特点和专业特长，采取民主科学的管理模式，求真务实，真抓实干，成效显著。领导班子成员分工明确，学校校长全面管理学校的行政工作，党支部书记全面负责党建工作，领导班子分工不分家，共同协作，团结向上，集中之中不乏民主，民主之中不失集中，是一支高管理力、高执行力、高效率团队，是一个的开拓创新、团结拼搏的领导集体。

（二）不断完善、充满活力的中层队伍

市十五中高度重视和加强中层干部队伍建设，不断深化干部选拔任用制度改革，加大干部教育培训力度，坚持理论学习，提高干部的整体素质和能力；实行行政值周、周工作预设、校长问政等工作制度，完善干部考核、管理制度，着力推进干部工作制度化、规范化建设；把干部公开竞聘上岗作为中层干部队伍建设的重要举措，2017年7月初，学校开展了中层干部竞聘工作，进一步加大年轻优秀干部的选拔力度，中层干部队伍的年龄结构、职称结构、学历结构等都有了明显改善，干部队伍整体活力得到进一步提升，真正把那些政治强、重实干、求实效、有强烈创新意识、在岗位上取得突出业绩的优秀干部放到重要岗位，为学校管理水平和办学能力的进一步提升和内涵发展提供了有力的保证。总体来说，十五中中层干部队伍是一支素质高、能力强、作风硬的精干高效、充满活力的管理队伍。

（三）关爱教师，打造有幸福感的教师队伍

市十五中倡导用“爱和责任”办好教育，倡导“学为人师、行为示范”的职业精神，全面提高教师职业道德水平。学校切实改善教师的工作、学习、生活环境，为提升全校教师的师德素养和教育教学能力，与市一中签订帮扶协议，利用市一中优质教育资源，派老师到市一中跟班学习，诚邀市一中骨干老师到学校进行“传帮带”；搭建教师交流提升平台，邀请省市知名教育专家到校进行专题讲座和培训；为丰富教师的精神生活，丰富校园文化建设内涵，积极推进书香校园的建设，设立“教师幸福书吧”；抓住教学联系的有利时机，制订了校领导联系年级制度；校领导、中层干部深入课堂和教研组进行调研，实行推门听课制度；通过新进老师的汇报课、青年老师的比武课、骨干教师的示范课，促进引领，强化实施“青蓝工程”，提高教师的课堂教学能力，让教师在实践中迅速成长；为使教职工全身心地投入教育教学管理，学校开设了教工食堂……种种措施，增强广大教师的获得感和幸福感，让老师们处于成长的幸福之中。

三、砥砺前行春风化雨结硕果

一年来，市十五中砥砺前行，春风化雨，喜结硕果：

（一）教学质量，全面提升

1. 2017年中考分数再创新高

（1）概率全面提升：

年份	参考人数	各科平均分	总分优秀率	良好率	优秀率	7A率
2017年	391	74.59	20.72%	39.39%	1.79%	8.95%
2016年	331	63.01	17.52%	25.68%	1.21%	8.16%

单科成绩合格率除英语为99.74%外，其余6科皆为100%，在城区中学中排名第一。

（2）上省示范性高中人数有较大提升，达到54人。

（3）600分以上人数达161人。

2. 高中教育初现曙光

（1）特色教育特色化、精品化：市十五中注重学生全面发展，弘扬学生个性，音乐、美术、舞蹈等特色教育形式多样。学校成立了文学社、演讲社、合唱队、舞蹈队、田径队、篮球队、足球队、街舞团、志愿者社团等多彩社团，在专业老师的指引下，充分发挥学生的主动性，开展立足实际的社会实践活动，开展多层次的主题教育实践活动，所有学生的兴趣爱好与个性特长都能在社团活动这个平台上彰显绽放。

（2）质量监测获佳绩：2017年郴州市教育质量监测中，市十五中取得了优秀成绩，在12所省示范性高中当中，地理成绩排名第8，历史成绩排名第9，政治成绩排名第11。2017年秋季入学，许多学生慕名而来，加入市十五中这个温馨的大家庭。

（二）强德铸能，竞相绽放

（1）夏玲老师当选7月孝老爱亲“湖南好人”，并被《郴州日报》大力宣扬和推广。

（2）刘瑞华老师荣获“明星”杯优秀老师称号。

（3）黄鸿明、李晓智、何良俭、李毅琼、王朝霞、尹婷莉、彭湘华等老师荣获市级骨干教师称号。

（4）欧阳杰红老师上传的“一师一优课　一课一名师”获部级优质课奖。

（5）教学比武省市级获奖8人次，其中欧阳慧老师执教的《中国少数民族民间舞蹈——藏族踢踏舞》荣获市一等奖第一名（指导老师：廖茂花、彭钰钧）；樊霞老师执教的《雅典民主政治的利弊》荣获市一等奖，省三等奖（指导老师：黄鸿明）。

（6）教学论文在国家级期刊发表5人次，省级获奖13人次，市级期刊发表或获奖51人次；在各类竞赛中荣获省级“优秀指导老师”称号3人次，市级“优秀指导老师”17人次。

（7）教育教学质量获奖老师部分名单：李晓智、何良俭、彭湘华、陈慧、李勇、廖春燕、刘楚金、许平、张剑、李香玉、李湘琪等。

（三）春风化雨，桃李芬芳

（1）吕婉菁同学荣获“省级三好学生”称号。

（2）李京霖、章静怡同学荣获“市级三好学生”称号。

（3）胡慧滢同学荣获“市级优秀班干部”称号。

（4）十五中学生合唱队表演在“湖南省首届中学生建制班合唱比赛”中荣获省一等奖，在“第八届郴州市少儿才艺大赛”中荣获市一等奖。

（5）十五中学生参加郴州市百人跳绳花样比赛荣获市一等奖，广播体操比赛荣获市二等奖。

（6）市第二十三届中小学生运动会排球比赛中，十五中男排荣获亚军，女排荣获季军。

（7）学生竞赛获省级奖3人次，市级奖49人次。

（四）春华秋实，硕果满枝

（1）市级园林式单位。

（2）市标准化实验示范校。

（3）市抗震救灾示范校。

（4）市青少年维权岗。

（5）市安全文明校园。

（6）校本教研示范校。

（7）由黄鸿明校长主持的“以林邑文化为特色的校园文化建设的实践研究”是十五中第一个成功立项的湖南省教育科学规划课题。

（8）由李晓智副校长主持的“湖南省中小学生实验能力评价体系构建与应用研究”课题圆满结题，获优秀等次。

一年来，市委书记易鹏飞、市长刘志仁、副市长贺建湘等市领导多次对十五中的建设和发展做出批示，市教育局党组书记、局长庹登军等局领导多次到校实地调研和指导工作，对学校“做最好的自己”办学理念表示了高度认可。《湖南日报》、《湖南教育》杂志、《郴州日报》等省市媒体纷纷对十五中的成绩予以报道：《湖南日报》发表了《让传统文化在孩子心中生根发芽》，对学校传统文化教育进行了报道；《湖南教育》杂志在封面对十五中进行隆重推介；《郴州日报》接连发表了《做最好的自己——访郴州市十五中校长黄鸿明》《潮平两岸阔，风正一帆悬——记快速发展的市十五中》《大鹏一日同风起，扶摇直上九万里——在2017年春季开学典礼上的讲话》《做最好的自己——魅力十五中等你来绽放》等文章，对学校办学质量、办学水平不断提升予以报道。

长风扬帆，百舸争流，风劲潮涌，郴州市十五中将继续破浪前行。

中　篇

教学探究篇

第四章 滋生崭新命题的创新课堂

高中历史教学的创新

受应试教育的影响，大多数的历史教师在传统教学中只是对基本的历史知识和概念进行讲解，采用灌输式的教学方法，学生对历史课缺乏兴趣，学习的积极性和主动性不强。本文从我自己的教学实际情况出发，论述了高中历史教学创新的方法。

一、更新历史教学观念

在素质教育的大背景下，我国的教育思想正发生改变，将教育的最终目标指向了学生的整体发展，这就要求广大高中历史教师对历史教学观念及时进行更新，改变以教师为主体的课堂模式，让学生成为教学的主体，充分调动学生学习的积极性，培养学生的历史兴趣，对学生的行为进行有效的指导。

二、采用问题教学的模式

在教学中要根据教材中的内容为学生设计相关问题，同时还要考虑到学生对知识的实际掌握情况，通过问题的设置启发学生进行积极的思考，培养学生的自主探究能力，养成良好的学习习惯，使学生终身受益。

首先，要为学生创造轻松的课堂气氛，这是开展问题教学的前提条件，让学生在课堂中大胆地发言，对所讲的历史内容进行提问和探讨，发表自己的看法。比如，在对康熙皇帝进行评价时，有一位同学说：康熙执政是在十七至十八世纪，这是一个重要的历史转型时期，但是康熙没有看到这一点，不断巩固封建君主专制制度，重视农业而忽略对工商业的发展，进行闭关锁国，没有顺应历史的发展，使得中国社会发展停滞不前，最终导致了清王朝的没落，阻碍了国家的发展，所以，人们对他的评价不正确，过高地评价了康熙的地位。对此，笔者给予了高度的赞扬和鼓励，让同学们就这名同学的观点进行讨论，同学们踊跃发言，表达自己对康熙帝的看法。在活跃的课堂氛围中，学生学习的积极性被调动起来，取得了不错的效果。

其次，教师要为学生设置合适的问题情境。课本中的内容通常具有很强的概括性和抽象性，学生在理解时存在一定的困难，一般都是死记硬背，对历史的理解不够充分。比如，在进行彼德一世改革部分的讲解时，为了使学生能够更好地理解这部分内容，首先向学生介绍了改革的背景，并设置问题情境：当时俄国的内外形势十分混乱，假如你是亚历山大二世，你会对国家的经济、政治、文化和军事进行什么样的变革？借助这种问题情境，帮助学生更好地理解1861年的俄国农奴制改革。此外，要增强课堂对学生的启发作用。比如，在进行西方国家殖民扩张内容的讲解时，向同学们提问：为什么目前亚非拉国家的发展比较落后，而西方欧洲国家都很富有呢？借助这个问题，启发学生的思维，让学生带着问题学习，培养学生用发展的眼光看待问题。

三、对教学方法进行创新

教师要从三个方面做好对历史教学方法的创新，分别是在教学中加入对明野史的讲解，突出分析问题的方法，以及带领学生进行对历史的研究。

在教学中加入对野史的讲解，能够丰富教学内容，使教学更加人性化，有利于扩展学生的知识面，培养学生的思维能力，提高学生学习的积极性。比如，在对汉武帝的专制进行讲解时，利用多媒体设备为学生播放《汉武大帝》的相关片段，讲解汉武帝统治时期的野史，通过讲故事的方式向学生讲述相关知识，在一种轻松欢乐的气氛中完成相关历史知识的学习。

俗话说：“授人以鱼，不如授之以渔。”在教学中要加强对思维方法的灌输。历史知识的内容较多，学生很难理清头绪，因而觉得历史难学。教师要向学生传授学习的方法，理清分析问题的思路，培养学生的历史思维，养成良好的学习习惯。比如，在讲解“新航路开辟对世界的影响”时，不要按照书上的内容进行死板的总结，可以向学生提问：新航路中的“新”具体表现在哪些地方？引导学生总结：新航路是一条人类文明的交流之路，是西方殖民掠夺之路，是世界联系之路，是思想融合之路。这种灵活的总结，使学生理解起来十分容易，方便学生的记忆，又容易与其他知识联系起来。教给学生用历史的思维去分析问题，用正确的方法去学习历史。

在教学的过程中，教师要以学生的兴趣为基础，带领学生对历史进行探究。可以让学生结成历史研究小组，让其自主选择研究命题和方向，在课后查阅有关资料，并总结自己的研究成果，有助于学生创新能力的培养。

四、总结

以上是笔者对高中历史教学创新的论述，主要从三个方面开展创新工作。通过不断努力，做好高中历史教学工作，进行积极有效的创新。

（《学园》2014年第4期）

参考文献

[1] 唐岸映. 新课改条件下高中历史教学方法的创新 [J]. 科教文汇（中旬刊），2011（9）.

[2] 张燕. 论高中历史教学模式的创新与意义 [J]. 教育综合（上旬），2012（28）.

构建高中历史优质课堂的探索

著名科学家爱因斯坦说过：“对于一切来说，只有热爱才是最好的老师。”学生只有具备对学习的“热爱”和“探索”精神，才能乐在其中，才能勤奋地学习。如何激发学生自主学习的积极性，是每个老师在实践教学中要思考的重要命题。为了培养学生对历史学科的积极性，发展更优质的课堂教学模式，我尝试对历史反思性教学策略进行实践，力求激起学生强烈的求知欲，同时，让学生在反思中更进一步深入自主思考。

一、引言

反思属于思维的批判性，是思维活动中进行“严格估计、把握思维材料、精心检查思维过程”的过程，其特点在于“严密、全面、有自我反省性”。所谓反思性教学，是指教师在教学过程中以为学生创设的教学活动为思考对象，进行不断的分析与反思。笔者认为，进行反思性教学不仅能够培养教师自身的反思能力，在教师教授学生反思的方法后，通过在教学过程中提供相应的反思训练，使之强化与内化来培养学生的反思习惯，为学生创设相应的学习情境并依据学生自身认知水平，让学生通过独立思考、生生合作讨论等途径充分发挥自身的主观能动性，并解决教师提出的问题。教师通过学生对问题的反馈来明确学生在学习过程中所遇到的问题，并及时反思与调整教学活动内容。笔者认为，反思性教学能够将教师的教与学生的学有机地融合，是师生共同提升的教学模式。

二、高中历史反思性教学实践——以“辛亥革命”为案例

1. 创设情境，设计问题引导学生探究

俗话说：“良好的开端是成功的一半。”依据长期的教学经验，笔者认为，在一节历史课的起始环节，新课导入无疑担负着“激发学生学习兴趣、复习相关理论知识、明确课程教学目标”等重大任务。教师在这一环节中的反思内容在于如何为学生创设符合课程内容的情境，为学生营造好的学习环境，从而让学生在教师的引导下怀着丰富的未知欲，由被动学习转为主动参与到学习活动中，并在教学活动中获得积极的情感体验，建构自身的学科知识。

《辛亥革命》一课因涉及的知识点较多，属高中历史课程中难度较大的教学内容。笔者在该课的导入中运用多媒体为学生播放孙中山的成长经历，包括“辛亥革命爆发前——革命团体的建立——武昌起义的爆发——中华民国的建立——清帝退位——孙中山请辞临时大总统——袁世凯继位——《临时约法》的颁布”。以此为基础让学生了解，在19世纪初期中国社会发展的艰难历程，并清晰明确地指出辛亥革命的背景，为下一步教师依据学生自身认知水平设计、提出相关的挑战性问题，为学生独立思考与生生合作打下基础。

2. 提出问题引导学生思考与合作

结合《辛亥革命》一课的教学内容，笔者提出以下教学思路：帮助学生准确理解所学内容的关键点，从而清晰把握该课内容的脉络，同时给出学生思考的空间和时间，让学生通过独立思考、生生合作讨论等途径充分发挥自身的主观能动性来解决问题。

（1）孙中山的童年经历对其走上革命道路是否存在影响？

（2）19世纪末，孙中山在求学时期中国社会经历了何种变化？

（3）革命的目标是否就是推翻清政府？1912年元旦时期，孙中山辞去临时大总统职务的主要原因是什么？

（4）如果你处在孙中山的位置，是否也会将中国国民党得来的政权让给袁世凯？请分析原因。

笔者在提出上述问题后，安排学生进行思考并划分小组进行讨论，最后每组派出代表回答上述问题，学生在合作讨论的过程中，同时反思自己的答案与其他同学不一样的想法与原因。通过提问的方式引导学生从多角度思考上述问题，能够帮助学生更深刻地认识到辛亥革命时期中国特殊的社会背景与中国资产阶级革命存在的局限性。

3. 进行总结、反思与评价

总结反思与评价是高中历史反思性教学中非常重要的一环。教师需要依据教学活动过程，发现学生反馈的信息反思中存在的问题并及时调整，同时，教师应善于发现学生的“闪光点”并给予鼓励，让学生获得成就感。也就是说反思性教学活动过程就是师生相互期待的过程，即教师期待学生在教学活动中正确构建自身学科知识并获得积极的情感体验，学生期待教师的启发与指导。在该环节，教师应将上一教学活动中学生总结反馈的信息问题集中分析，并要求学生反思思考问题的过程是否正确。（对自己思考问题的思路进行检验）

《辛亥革命》一课的学习，学生已清晰地总结出以孙中山为代表的资产阶级革命派对帝国主义存在的妥协性，这注定了中国依靠资产阶级革命派是失败的，中国的出路又在何处？这样在学生的思考中，为《五四青年运动》一课的教学埋下伏笔。

（《当代教研论丛》2014年第4期）

参考文献

[1] 夏红霞. 培养反思性意识，让学生在反思中学习［J］. 科技资讯，2010（9）.

[2] 方维绪. 新课程理念下历史课教学的反思［J］. 科学咨询（教育科研），2010（12）.

[3] 王志华. 论高中历史教师的教学反思［J］. 成功（教育），2011（10）.

［4］黄虹. 反思性教学在历史思维能力培养中的应用［J］. 中国成人教育，2011（18）.

［5］周永珍. 试论新课程背景下历史教师的专业成长［J］. 课程教材教学研究（中教研究），2011（Z3）.

新课改与高中历史教学的结合教育

我国于新世纪初进行了波澜壮阔的基础教育课程改革，本次教育改革，是基础教育领域的一场深刻变革，其教育思想、教育理念的发展与变革，不断引发一批批教师在教学过程中变革教学内容、教学方法，同时，在这一轮新课改推进的过程中，对教师自身综合素质要求也提高了很多。基于这样的背景，高中历史学科的教师如何发展自我，如何加强对历史课的教学反思，如何与新课改同步，适应新课改的步伐，是一个重大的命题，在此，笔者进行了一些思考，以期能有所得。

一、要尽快改变传统的教学模式，运用新的教学理念

新课程改革的核心在教学课堂，课程教学实施的关键在教师。这就要求教师要改变传统教学观念，重新认识课堂教学过程，以新的课程理念为指导，创建新的课堂教学模式。在传统的高中历史教育教学过程中，教材的性质定位为“教材是教师教学和学生学习的资源”，而且在教学实践中，绝大多数教师都把这种资源看作“唯一的资源”，只重视教材中的内容，“死教书，教死书”，让学生死记硬背，不重视学生能力的培养。课本资源狭窄、封闭、不全面，且不同的地方使用的教材也不尽相同，结果导致全部的教学活动都围绕着“教科书”和研究考试大纲展开，这是无法促进学生全面和可持续发展的。新的《历史课程标准》明确提出：“要改变过于注重书本知识的现状”“要大力推进信息技术在教学过程中的普遍应用，促进信息技术与学科课程的整合”“要积极开发并合理利用校内外各种课程资源”。这样对教材性质的理解

就发生了转变，“教材是教师教学与学生学习的资源和工具”。教材的“资源性”没有改变，但必须强调的是，教材绝不是教学的唯一资源，而是最重要的资源之一。更重要的是，教材除了具有资源性，还具有“工具性”，它承担着向学生提供学习方法的功能、方便学生随时查阅的功能等。这种工具与功能性的增加，意味着教材不仅不是师生学习的唯一资源，也不会是师生学习借助的唯一工具。所以，我们必须看清现在的形势，新课标背景下的教学是“一纲多本”和“一标多本”，与过去的教法和学法是完全不同的两个概念。

二、历史教学要体现历史的特征

新一轮的课程改革进行了一段时间的实践后，我们碰到了一些困惑和棘手的问题，主要表现在两个方面：一是进行课改的大环境不尽如人意。尽管教师是课改的具体实施者，但是教师受方方面面制约的因素太多。各级教育主管部门是否有新课改的意图，是否建立起与新课改相配套的新的评价机制，是否为新课改保驾护航，这些都是课改能否顺利进行的重要因素。二是初中、高中历史课改不配套，从而加重了高中课改的难度。初中历史课程改革着眼于破除旧课程繁、难、深、重的知识体系，大肆删减知识点，导致新课程展现出简单浅显的特点，而高中历史课程改革着眼点却放在拓宽知识面、深化知识点上，结果新课程展现出的特点是分量重、内容深、时间紧，完不成教学任务。因此，重视基础教学，强调人文熏陶仍很重要。历史讲的是人类社会过去的事情，讲的是人与人的关系、人与自然的关系，它博大精深，既宏观又微观地帮助人们了解过去、理解现在、懂得社会、认识自己，树立起科学且充满人情味的世界观、人生观和价值观。历史学科在提高中学生现代人文素养和科学精神方面有着其他学科不可替代的优势，如何抓住这一优势，扬其所长，应当是中学历史课程的指导思想。在现实中，中学历史教学却被异化为入学的“敲门砖”，尤其是在高一年级的历史教学中明显存在着一种倾向，也就是不根据学生已有的历史知识现状，片面强调教学与高考接轨，希望学生具有完整的知识结构、到位的理论分析、熟练的解题能力。这种教学定位，往往因为起点过高，造成学生在心理上对历史学科产生畏惧，进而形成思想上的厌学情绪。这种现象极大地影响了历史新课改的进行。

三、要采取特殊的教学方法，提高学生学习兴趣

新课改后历史的教材发生了很大的变化，由原来的通史变为中外合编的专题史体例，分别反映政治、经济、思想文化等领域的重要内容。新教材主题比较突出，有一定的条理性，注重各单元内容间的逻辑联系，这样的编排有利于广大师生用世界的眼光去认识历史的发展，从一个新的角度来了解和思考历史问题。历史课程标准规定的3个必修模块、6个选修模块及教科书选用多样化的制度，保证了教学的多样性和学生的可选择性。由于相同年级可能进行不同的模块教学，各地区可能选用不同版本的教材，无论从实现课程目标的角度考虑，还是从综合考试或者高考评价的角度考虑，历史教师都应当以课程标准所规定的教学内容为依据，切实保证教学内容的基础性。作为历史教师，应认真研究模块教学带来的新变化，特别是模块形式从过去的通史转变为专题，每个模块自成体系，容易给学生造成支离破碎的感觉，教师应当注意局部与整体的联系。也由于模块教学的对象是选择模块的学生，学生学习兴趣相对浓厚，更要求教师有扎实的基础，更加努力地、创造性地完成教学任务。

四、改变教学氛围，创造新的课堂环境

新课改要求教师为主导学生为主体，因此，教学活动必须以师生、生生之间的交往活动为载体。新的课程改革要求教师在教学活动中既要着力于学生认知水平的提高，更要着力于引导学生养成良好的学习态度，激活学生善于自主学习的内驱力，从而培养出情感丰富高尚、人格健康和谐，具有坚强意志和锐意创新精神的素质人才。因此，教学活动中，教师更要注重建立和谐融洽的师生、生生互动关系，创设一种有助于充分发挥学生潜能的氛围，使学习过程真正成为学生自我完善、自我发展的历程。

总之，新课改对于我们高中历史老师来说，任重而道远，不能简单地盲

从，要通过自己真实的体验，慢慢地摸索，与同人探讨，不断地学习，逐步走出一条既适合自己又符合新课改理念要求的教学模式，因为高中历史的新课改是一个逐步完善的过程。

（《教育博览》2013年12月）

讨论式教学法初探

在新课改变革的过程中，中学历史教学方法的变革也在不断推进。历史学科对于学生的人生观、价值观的培养有着重要的意义。而传统的灌输式教学方法在当前的教学中越来越难以收到理想的教学效果，由此，开放式、讨论式、合作式的教学方法逐渐显现出优势。因此，改善历史教师的教学方法和学生的学习方法势在必行。

一、进行讨论式教学的必要性

1. 新课程教学改革是培养新型人才的需要

新课程教学改革的重点是培养学生的主动创新精神和实践能力。因此，在实施教学改革的过程中，最重要的是培养学生的主动学习精神、创新学习意识、创新学习思维、创新学习方法和技巧等各方面的能力。我们在全面推行教育改革的时候应让学生感受、理解知识产生和发展的过程，积极实行启发式和讨论式教学，激发学生收集处理信息的能力、获取新知识的能力、分析解决问题的能力、语言文字表达能力，以及团结协作和社会活动的能力，变学生“学会”为“会学”再到“创造学”，变教师“教”为“学”与“创”。

我们的历史教育，长期以来，很多教师一直是以教师、书本、课堂为中心，注重知识的传授，强调“死记硬背”，轻视能力培养和学生个性的发展，单纯地把学生当作知识的“容器”，这样培养出来的人才只习惯于按常规办事，只善于模仿和继承，与科技迅速发展、信息瞬息万变的知识经济时代极不适应。因此，改革传统的“填鸭式”教学方式已成为必然，各种新的教学方式正在不断地提出来，并进行尝试，而讨论式教学法亦成为其中的主流之一。

2. 符合中学生的探究心理

心理学研究表明，高中生思维品质中的独创性和批判性明显增强，他们不满足于书本或教师提供的现存的结论，喜欢质疑、辩驳、争论和提出与众不同的看法。而讨论式课堂正是抓住了中学生这一心理特征，使学生通过不同观点的碰撞，在思辨和争鸣中得出新的认识、新的观点，从而使学生的思维在讨论的过程中得到训练和发展，一些学生研究历史的兴趣、志向，也常常产生于这样的课堂氛围中。

3. 高考命题趋势的要求

近几年高考命题不再局限、拘泥于教材现存的观点和答案，而是突出考察学生的思维、分析、判断、综合能力，鼓励学术争鸣的倾向已日益明显。例如，2007年全国卷第45题关于“中国代表团在巴黎和会上的外交努力”，2009年全国卷第42题关于“洋务运动的评价”等。我们高中历史教学肩负着向高校输送高级历史研究人才的重要使命，高考命题的趋势也告诉我们：作为历史教学工作者，改革势在必行。

正是鉴于上述几个方面的理由，笔者几年前就开始了这方面的研究。下面，结合自己的历史教学工作，谈谈自己的做法和观点，以期抛砖引玉。

二、讨论式课堂教学的组织

1. 课前的充分准备

（1）教师的准备。作为教师，除了认真钻研教材，掌握学生的实际知识情况外，还必须做到以下几点：第一，选择适当的讨论课题。并不是备每一课内容都适合讨论式，因此，教师必须认真选择。一般来说，应选择容易激发学生兴趣，容易引起争鸣的话题。例如，笔者在中国近现代史教学中对重要历史人物曾国藩的评价设计了一堂讨论课，学生反应热烈。有的说他是位“政治家”“军事家”“中国近代化的主要功臣”，有的则说他是“刽子手”“懦夫”，等等。学生因为感到“有话可说”，这堂课不仅气氛热烈，而且教学效果也十分显著。第二，提供相关的材料，并指导学生带问题阅读。如上例，我就提供了关于曾国藩治军、镇压太平天国、搞洋务，甚至提供了曾国藩的《训子书》等材料，并设计了一系列的问题。第三，设计相关的程序，避免课堂讨论的无序和混乱。

（2）学生的准备。学生是教学的主体，学生也应该做好充分的课前准备：认真预习，阅读教材，掌握好基础知识，尽可能多地占有材料，提出自己的观点，向老师咨询有关问题，等等。

2. 讨论中的控制

一堂成功的讨论课除了必要的准备工作外，教师还必须充当导演和主持人的角色，牢牢地把握好课堂的节奏，如时间的分配、话题的衔接、情绪的调动、气氛的控制等。只有这样才能使学生围绕中心课题热烈而有序地进行，进而收到良好的教学效果。否则，讨论课就会变得无话可说，出现“冷场”的尴尬局面，或是变成漫无目的的聊天式谈话，收不到预期的效果。

3. 讨论的总结

课堂教学时间的有限性要求教师必须抓住有利时机，进行点评、总结，起到“画龙点睛”“百川归海”的作用。而总结必须注意以下几点：第一，要坚持鼓励性原则，不管学生持何种观点，理由充足与否，教师应抓住其“闪光点”，或语言表达，或合理陈述，或敏捷反应，予以适度的鼓励和表扬，以激励其以后的积极性；第二，要对不同意见进行综合，并指出当前的主流意见是什么；第三，坚持正面导向原则，对大是大非问题必须站稳立场，避免方向性失误。

三、讨论式课堂教学所应遵循的基本原则

1. 针对性原则

一是要针对学生，即学习的主体。讨论的问题要符合学生的年龄特征和知识实际；二是要针对教材内容本身，即学习的客体。讨论的问题要依纲据本，源于教材，高于教材。

2. 科学性原则

要遵循学生的认知规律，所设计的问题要由浅入深，由具体到抽象，先

感知后概括，亦即从具体史实入手去得出某种结论，以实现学生由“学会”到“会学”的转变。

3. 立体性原则

讨论式课堂教学最重要的一环是设问，而设问则要注意多层次、多角度提问，充分利用教材的显性材料，挖掘教材内容的隐性联系，融温故、知新、巩固为一体，集阅读、思辨、运用于一役。

4. 时效性原则

无论哪一种形式的教学，成功与否，一个很重要的标准，就是看它在规定的时间里是否达到了预期的目的，学生的基础知识是否掌握牢固，各种能力是否得到培养和提高。讨论式课堂教学尤其要遵循这一原则，切忌无时间限制，无具体结论，学生无任何收获。

5. 共鸣性原则

讨论的课堂尽量选择容易激发学生兴趣、刺激其好奇心、容易使学生产生共鸣的话题，这样才会使课堂气氛热烈有序，这也是讨论式课堂教学能否具有强大生命力的重要因素之一。

在新课程教学改革的背景下，如何培养学生的基本技能，活跃学生的思维，深化学生的认识，发挥学生参与教学的主体性，重视学生的个性发展，突出学生的自主学习和研究能力，已成为历史教学的重点。讨论式教学法正是这一教学趋势最合适的方法之一。

高中历史诊断性教学初探

“诊断”一词是源于医学的一个专业术语，诊断性教学是在教学实践中，教师通过与学生的互动，针对学生存在的学习“病症”采取有效的教学策略，即开出“治疗的良方”，并给予及时补救的教学行为。通过教学诊断，教师能及时总结与反思，不断改进教学策略，提高教学的实效性，实现真正的教学相长。因此，诊断性教学既是提高教学效率的重要途径之一，也是推进校本教研和教师专业发展的重要手段。

一、诊断教学内容

历史教材内容丰富，头绪纷繁，高中学生学习这门课程，会有不少困难。因此，在备课时，教师应先对教学内容进行诊断，教师要帮助学生从复杂纷繁的历史过程中理出头绪，抓住中心环节，透过典型现象看到历史发展的基本线索、一般趋势和本质。

1. 树立属于自己的知识体系

教师首先要树立通史为本的意识，以时间为历史基本框架，以国别、政治经济文化、现代化史观、文明史观等为辅助，构建清晰的、层次化的知识体系。例如，魏晋南北朝，高考考试范围一定出不了孝文帝改革、南方经济开始发展、九品中正制、民族融合这四大角度，再辅佐以政治经济文化的识别，无论所给材料如何变换，学生都基本能够完成所需知识的清晰定位。具体的实现形式上，学生可以以时间为主线，将时段内所有知识点排布一遍，也可以到老师处加以指导完善，尽量理解记忆，基础知识问题就不大了。

2. 重点知识突破

“一堂历史课教学效果的好坏，在很大程度上取决于重点是否突出。”老师的授课重点突出，有助于减少学生学习上的困难。反之，平铺直叙、主次不分，或者过分求全、面面俱到，会使学生对历史教材难以领悟，增加学习上的困难。

仅就教材的组织和处理方面而言，下列几点对突出重点具有重要意义：

（1）组织教材时可调动教材，变动顺序，力求集中头绪，环绕中心，从系统发展过程中突出中心环节。因此，一要有重心，二要有向心力，各部分教材要紧密联系。以辛亥革命为例，必修一从政治史角度出发，突出辛亥革命在推翻清王朝、建立资产阶级共和国、颁布《中华民国临时约法》等，即对政治民主化进程的作用，在必修三中，则着重分析辛亥革命的指导思想三民主义。

（2）环绕重点从内容上予以必要的补充，相对的，非重点部分进行适当精简，使重点更加突出。还是以辛亥革命为例，武昌起义后颁布的《中华民国政府组织大纲》中确立的是总统制，后来颁布的《中华民国临时约法》改成了责任内阁制，此处细节是教材中是没有出现的，却是一个重点：其一，可以比较总统制与责任内阁制；其二，这是政治妥协的产物，革命党为了让清帝退位，向袁世凯妥协，推举袁世凯为临时大总统，但又想限制袁的权力，以达民主的目的；其三，因人而立法，是违背法制精神的。

（3）从讲授时间上予以保证，使重点部分得以讲清、讲透。但是，重点突出并非决定于材料多、时间长，而在于对问题的阐述集中且深透。

二、诊断教学设计

讲清重点仅仅是体现教师教学能力的必备条件，不是充分条件，因此我们更要弄清教学不是“告诉”，更是一种引领。在平时的教学中，教师的某些无意识的教学行为，常常会使学生失去思考的能力，也不利于教师发现学生学习中的“病症”。例如，教师过度地讲解代替学生自主地探究，教师思考代替学生思考，教师过早地将解题“模式”直接扔给学生等，都很不利于学生学习能力的提升，因此，课堂教学应当用好“空白”教学法，其主要表现为：

第一，不随意打断学生的发言和思考；第二，对学生的回答不居高临下地加以评判和否定；第三，不急于纠正学生某些知识性、思路性错误，只点不拨；第四，让学生在查阅、思考、探究中面临疑难和困惑；第五，让学生在讨论争辩中修正自己，在自我修正中提高。因此，在我们的教学中，我们应做到以下两点：

1. 改变一讲到底，不强化思考的做法

学生真正喜欢的课堂，应当是教师善于提出挑战性的问题，组织学生陷入思辨之中，学生在“累脑子”后稍有启发，有一种恍然大悟的感觉。所以，教师在课堂要充分调动学生参与，加强对学生的思维训练，教师重在帮助学生整理思维层次和指导思维方法，而不是进行机械的知识灌输和把自己的解题方法简单地传授给学生。

2. 改变只有纯知识的梳理、分析，没有解读高考考点及其要求的做法

每堂课都应有高考的考点解读、考题回顾、考情预测和模拟训练，教师要以高考的感觉和要求来指导教与学。否则就是严重的教学不到位，也不能充分调动学生的兴趣，激活学生的思维。

三、诊断练习和测试

我们现在的课堂更像学习资料而不是学习知识，要让学生真正地掌握知识，应该是学生能够对所学内容融会贯通，能够应用到实际问题中，而不是记住。在作业布置时一定要精而不是越多越好，要敢于舍弃，善于调动，对不同层次的学生应有不同的作业。

心理学家研究发现，决定伟大水平和一般水平的关键因素，既不是天赋，也不是经验，而是“刻意训练”的程度。“刻意训练”也即“特意训练”，是指带着强烈的目的而刻意设计出来的练习，它要求针对训练者的“学习区”，不断地依据方法去强化练习和提高。

有效刻意训练三要素：

（1）让学生走出自己的舒适区，教师在设计题目时不能太容易。

（2）刻意设计练习的内容要有高度针对性。

（3）依据方法不断进行有意义的重复练习。

结合上述要素，在我们历史学科的周练中，我们要继续做好“刻意训练”：

第一，做好每周一次或两周一次的高考模式训练。每一次都由备课组的老师根据考试大纲中的考点命制题目，题量和高考一样：12道选择题48分（高考文综24至35题），3道大题分别是25分（高考文综40题）、12分（高考文综41题）、15分（高考文综45至48题任选一道）；考试时间和高考一样，50分钟。在题目的难度上，最难的是选择题和12分的综合题（41题），所以在平时训练中，要注重选择题的精选和12分综合题的原创设计，特别是结合2012年以来全国文综一卷的41题。我们在研究高考题时发现，在全国文综Ⅰ卷中，难度最大的是41题（即12分题），这个题有四大特点：①重在创新，年年“变脸”；②是历史学科能力的集大成者；③命制多与史学前沿动态相联系；④基本是开放性试题（答案的多元化）。

年份	新课标全国文综Ⅰ卷
2011年	“西方崛起”题（论文）
2012年	“冲击——反映”模式题（公式与论文）
2013年	汉唐地图题（提取信息并加以说明）
2014年	抗日战争目录题（修改或补充目录）
2015年	公式（科学技术的乘法效应）
2016年	制度构想与实践（论文）

我们在平时的训练中，就要有意识地设计题目，而这些题目要涵盖近几年考过的所有品种。

第二，在训练材料的选择上，做到训练材料精选和反复推敲。在此基础上，争取每一次周练有一定量的高考原题、改编题和原创题。

第三，做好同类试题题组训练和题型变通题组训练。

同类试题进行题组训练的目的是训练学生的“多题一解”，科学高效地训练学生学科素养和理解诸多试题的共性和本质，脱离题海，轻松解题，做到不同题用同法，多题归一。可以充分利用每周的大课间进行有针对性的训练。

题型变通题组训练的目的是训练学生的“一题多变”，训练学生敏锐的观察能力及应变思维，在高考时迅速找到高考试题与训练过的试题的变化点，灵活应变，顺利解题，做到相似题不混淆。每一个月可以命制一套纠错题，对学生一段时间以来做过的但是普遍做错的题，进行变式训练，特别是注重角度的变换，以强化学生对这一知识点的掌握。

四、试题讲评要做到“精细”化

每一次考试，教师要先做题、多做题，要通过教师多做题，确保学生尽可能少做题、做好题。讲评试题要做到“三讲三不讲”：一是对材料要“先议后讲，不议不讲”；二是对典型的习题要“先做后讲，不做不讲”；三是对每一次考试题要“先批后讲，不批不讲”。讲解试题，特别要注意考点回顾、字句推敲、语法分解、标点符号的把握和方法的点拨，在教学进度允许的情况下，更多地让学生展示自己的解题思路。

例：（六省联考11题）毛泽东曾说：“大革命失败以后，官逼民反，共产党被‘逼上梁山’，那个时期我们不大讲孙中山，不把孙中山丢开自己就站不起来，如同五四时期打倒孔家店一样。”毛泽东这段话反映了（　　）。

A. 三民主义的内容存在局限性

B. 三民主义与中共的革命目标不符

C. 国共两党的革命领导权之争

D. 中共更加注重对革命道路的探索

解析：此题选D。首先看到时间是大革命失败以后，根据所学知识，我们知道大革命失败后，国共两党是对峙的而不是合作的，所以不存在争夺革命领导权的问题，故C答案错误。其次，三民主义与中共民主革命的目标是一致的，即打倒列强除军阀，故B答案也错误。学生基本上能做到排除B和C两个选项，在A和D两个选项之间纠结一番后，很多同学错选了A答案。其实我们可以从语法上判断，“那个时期我们不大讲孙中山，不把孙中山丢开自己就站不起来，如同五四时期打倒孔家店一样”，可以在句中加上一个主语“我们共产党人”，句子变成“那个时期我们不大讲孙中山，（我们共产党人）不把孙中山丢开自己就站不起来，如同五四时期打倒孔家店一样”，题目的要求是“毛泽东这句话反映了……”，而D选项的主语即“中共”，所以从逻辑关系上讲，D答案要优于A答案。另外，材料中“不把孙中山丢开自己就站不起来，如同五四时期打倒孔家店一样”其实反映的是中国共产党原来是受三民主义思想束缚的，所以说要丢开孙中山，说明中共与原来相比，现在怎么样的问题，D答案中的“更加”二字，就体现了与原来相比的意思，所以说这一答案内涵非常丰富，毛泽东要表达的是，中共更加注重要有自己独立的革命道路，而不是A答案揭示三民主义内容的局限性。

总之，课堂教学诊断是伴随课程实施的产物，是教师教育教学实践反思的镜子，通过诊断能提升教学的有效性，同时也是教育教学改革的前沿。因此，研究课堂教学诊断，落实好学校课堂教学诊断，对于教师专业发展十分有必要。

如何做课题

做课题，对于一般教师而言，可以说是“像雾像雨又像风”“想说爱你不容易”，而今天下午李小球主任的讲座，既有对如何做好课题的宏观架构，又有抽丝剥茧般的微观分析，更有细致的操作性讲解，听完之后犹如拨云见日，豁然开朗！下面就如何做课题谈谈自己粗浅的看法。

一、构建一个好团队

真正的课题研究需要一批沉得住气，有一定的教研能力和坚定的教研信念，吃得苦、霸得蛮、耐得烦的学科人才，他们是支撑课题研究的核心力量和中流砥柱。而另外一种人也必不可少，那就是行政领导，他们可以最大限度地为课题研究集中和整合资源，为课题研究提供必要的经费和其他保障。

二、选一个合适的题材

适合的就是最好的。一方面要考虑自己专业和学校确实需要，既能助力学科专业的发展，又能促进学校教育科研的突出，避免空中楼阁，可望而不可即，使研究成果的推广遥遥无期；另一方面也要考虑团队专业的实力，课题研究既需一定的理论支撑，又需相当的实践经验，结合本校师资和优势资源来选题，更能做出好的成果。

三、找一个好切口

在选题当中，我们往往关注那些我们熟悉的内容，殊不知你熟我也熟，你选他也选，选的人多，竞争大，不易中标，即便开了题，由于大家都熟悉，如无新意和过人之处，往往难有理想结果。正如李小球主任所说，要想得到好效果，须把握两个原则，聚焦十六个点。

两个原则：①创新+管用；②小、精、实、新。

十六个点：冷点、关键点、矛盾点、误点、弱点、难点、急需点、空白点、交叉点、争论点、忽视点、生长点、成功点、虚假点、失衡点。

如此方能占得先机，出奇制胜！

四、关注时政和路径

课题的重要作用就是服务于决策和指导实践，所以要避免“只低头拉车，不抬头看路”这种现象，要及时关注国家和地区的大政方针，尤其是教育领域的方针政策，这样才能做到有的放矢。另外，我们还须广辟路径，不要集中在某个领域、某一条途径，这样方可以收到“田忌赛马”的效果，收获“意外惊喜”！

最后，让我们用李小球主任的话自勉：

“把课题做起来，把思想写出来，把成果发出来，把影响力推开来，把名师树起来。”

“拥有真正属于自己的教育科研成果，是每一个教育人今生最美的收获！”

第五章 提升以人为本的文化课堂

中西文化差异根源浅析

中西之间的文化差异问题自近代以来就是热论的问题。几乎所有关心中国前途命运的有识之士莫不对此问题关心备至，提出自己的看法和见解，甚至因此而形成诸多文化问题研究的派别。本文撇开先入为主的流派争论和概念辨析，试图根据所学与理解，并结合先贤们的思想精华，探讨产生中西文化差异的根源之所在。

一、南橘北枳与生产活动

任何类型文化的发端都是生活在某一环境压力下的人类群体对自然做出的改造性反应，文化的特点因此也必然与其所在环境相联系。法国启蒙思想家孟德斯鸠认为，一个国家的地理环境、气候条件和土壤性质对其政治体制、法律制度这些文化现象的衍变起决定作用，并举例说，南方气候炎热、平原广阔、土地肥沃，因平原难以抵御外敌入侵，沃土使人懒惰和对生命的热爱而有利于专制大国的发展；北方的严寒、山地和土地的贫瘠因有利于捍卫独立而有利于民主制度的发展；南方人不如北方人强悍、彪勇、勤快，但比北方人多情、细腻、热心，这些也有利于专制制度的发展；住在岛上的人民因其能免于侵略而爱好自由、独立。德国著名哲学家赫德尔认为，不同的地理环境造成了不同民族的体质和精神特征，逐代繁殖延续，并认为欧洲的地理和气候最适宜人类活动，造就了优秀种族。黑格尔指出，各民族栖息的自然环境类型与其民族性格有密切联系，因此“在寒带和热带上，找不到世界历史民族的地盘”。马克思、恩格斯等也强调自然环境和文化起源的密切关系。恩格斯说：“由于自然条件的这种差异，两个半球的居民，从此以后，便各自循着自己独特的道路发展。”由此可见，地理环境对文明的重大影响意义。中西方文化产生的地理环境差异无疑是分析两种文化差异的起点。

一般认为，西方文化起源于古希腊、古罗马文化。古代的希腊除包括希腊半岛外，还包括爱琴海中的各岛屿及小亚细亚半岛的西部沿海地区。总体来说，希腊半岛上少有一马平川的千里沃野，只有狭小的河谷坡地，气候相对恶劣，农业生态环境极差；希腊海域的自然条件却十分优越，曲折的海岸线、优良的海港、星罗棋布的岛屿使得阳光下的海洋风光旖旎，扬帆海上依稀可见时远时近的陆地岛屿。这样的地理环境使得希腊人无法完全依靠农业生产，手工业和航海业的发达又促进了商业的繁荣。希腊人这个时期的主要生产活动因粮食不能自给转而以发展酿酒、制陶、开矿等手工业，来换取黑海沿岸和埃及的粮食产品，生活上的压力、利益上的驱动、商业上的繁荣又大大地促进了希腊航海业、制造业的发展，海外贸易、海外殖民等“蓝色文明”模式依赖便利的海上交通而逐渐在地中海沿岸普及推广。

中国文明起源的地理环境与西方大相径庭。黄河、长江等大河冲积而成的平原、盆地是中华民族最早的衍生地，这种地理环境适合农业发展，中国古代农业文明日臻辉煌，但这里不适宜商业发展。大河流域甚广、支流众多，自然环境、气候条件相对稳定，这种内大陆生存环境适于发展农业所需的定居生活，人们往往安土重迁，在特定的生活空间内与环境妥协式共存。钱穆在《中国文化史导论》中曾分析道，大河水系诸流域一方面具有相对的封闭性，另一方面具有开放性，它们足以聚集一定数量的人口组成自存自立的社会并抵御外来的侵扰，同时又可以将自己的文化和其他小流域相融合，共同组成更大的社会，创造更高的文化成果。另外，山脉阻隔、沙海汪洋、海洋横阔等四周环境使得中华文化汇聚产生以后的初期，难以逾越这些过于艰险的自然障碍，而只是在内部不断完善，最终中华文化形成了“大陆型”文化自我更新模式。

地理环境的影响还在于对民族性格与民族心理的塑造上。希腊的开放性海上文化为西方大多数民族培养了大胆冒险、追求实际的因子，中华的大陆文化启迪了内心自省、求诸于心的理念。这些反过来又成为两种文化鲜明个性的重要组成部分。

中西文化在产生初始已经小有区别，正如西哲有云：世界上没有完全相同的树叶。东西方文化发展的差异因地理条件的迥异而不可避免，这种差异又随着历史的发展逐渐呈现出扩大的趋势，其中表现之一就是两种不同模式的社会文化。

二、各奔东西与社会文化

生产活动、生活方式和民族心理的区别因中西古代文化间的“零交流”状态使双方在文化方面走上各自相互歧异的道路。钱穆先生所论可谓精辟独到：“……我民族文化常于‘和平’中得进展是也。欧洲史每常于‘战争’中著精神。如火如荼，可歌可泣。划界限的时期，常在惊心动魄之震荡中产生……若空洞设譬，中国史如一首诗，西洋史如一本剧。一本剧之各幕，均有其截然不同之变换。诗则只在和谐节奏中转移到新阶段，令人不可划分。所以诗代表中国文化之最美部分，而剧曲之在中国，不占地位。西洋则以作剧为文学家之圣境。即以人物作证，苏格拉底死于一杯毒药，耶稣死于十字架，孔子则梦奠于两楹之间，晨起扶杖逍遥，咏歌自勉。三位民族圣人之死去，其景象不同如此，正足反映民族精神之全部。再以前举音乐家与网球家之例喻之，西洋史正如几幕精彩的硬地网球赛，中国史则直是一片琴韵悠扬也。”文化上的发展路径选择各异，影响到文化存在形式、状态甚至文化内涵的性质。

民族心理的文化特色自然会在政治、社会生活中有所反映。这就表现在中西政治文化结构的区分上。中国文化内敛型特征既是中国初始政治结构形成的原因，同时又在政治结构形成的方式上表现得淋漓尽致。西周宗族向内积累，逐渐扩大成为更大的稳定统一体，于是，中华文化的第一个家国天下模式的夏王朝成立，以血缘宗法为主体结构的政治形态主导了夏、商、周及后来诸代王朝鼎革。而西方社会的结构与之相反，氏族联合、部落选举是希腊文化最终形成统一体的主要模式，希腊城邦和罗马共和国也因此导致私有制和民主制度十分完善。钱穆先生在此问题上亦有精论："罗马乃以一中心而伸展其势力于四围。欧、亚、非三洲之疆土，特为一中心强力所征服而被统治。仅此中心，尚复有贵族、平民之别。一旦此中心上层贵族渐趋腐化，蛮族侵入，如以利刃刺其心窝，而帝国全部，即瓦解。此罗马立国形态也。秦、汉统一政府，并不以一中心地点之势力，征服四周，实乃由四围之优秀力量，共同参加，以造成一中央。且以此四围，亦更无出阶级之分。所谓优秀力量者，乃常从社会整体中，自由透露，活泼转换。因此其建国工作，在中央之缔构，而非四周之征服。罗马如一室中悬巨灯，光耀四壁；秦、汉则灯不俱坏光不全绝。因此罗马民族震烁于一时，而中国文化则辉映于千古。"

政治结构上差异的另一原因和表现就在于社会文化的交流。中华文化中，儒学经典从百家流派中脱颖而出，逐渐占据主流地位，儒家思想奠定了大一统的国家观念和中央集权化民族国家的理论基础，儒家思想贯通历史长线，不断延续着中央集权政治体制的生命。传统儒学的各种观念维系着中华各民族间、社会各阶层间的联系，以儒学为主体的数次文化合流更使它既集合了道德伦理观念、社会日常知识，又发挥着西方及其他文明中宗教所起的作用。西方文化在发展过程中的一个重要流变就是基督教文化的产生。尽管在与政权妥协、结合方面，基督教与儒家思想相似，但基督教浓郁的神权思想和天堂、来世等观念明显塑造着与中华文化不同的民族特征和社会生活，近代以来两者间的区别更加明显。马克思·韦伯在《新教伦理与资本主义》和《儒家与道教》两书中对两种文化形态分歧在近代对中西方发展道路的影响做了深刻分析，他强调基督教尤其是宗教改革以后使西方走上明显强于东方的道路。

近代以来，两种不同发展路径上的两列文明客车在加速行进，文化、政治、经济发展模式的差异更加突出，尤其是西方取得对东方的绝对优势以后，中西方文明间的差异在各自的视角中不断放大，这即是现代视角下文化差异的人为根源。

三、傲慢偏见与反思回望

近代以来，由于中西方经济发展方式、发展水平的差异，使得以中国为典型的东方明显落后于西方，甚至曾经沦落到被奴役的地步。中西文化在这样的历史条件下交流日益频繁、深入，并即此下手寻找导致地位差异如此之大的根源，更有不少学者主张正是文化上差异导致中西方在发展路径选择上分道扬镳。部分西方学者在自身经济力量、政治地位具有明显优势的情况下，对东方文化持有高人一等的优越感和不可一世的蔑视态度，过分强调中西文化的差异，从差异中自我褒扬、自我陶醉，传播西方文化优越论，甚至不惜夸大这种文化差异在社会历史进程中的作用以长久保持西方对东方优势地位，“东方主义”式的文化偏见即由此产生。还有一些学者在强调差异的基础上，片面夸大文化差异的影响，对文化交流、融合、进步持有悲观论调，认为文化因素上的差异是未来世界产生冲突的主要根源。

针对中国在近代落后挨打的处境，中国近代有识之士不断反思产生差距的原因，寻求弥合差距的方法。不少学者上溯到文化层面，认为造成中西方差异的主要原因之一就是文化上的分歧，并纷纷开出解决这一问题的药方：“全盘西化”者有之（陈序经、胡适），“文化守成”者有之（梁漱溟、辜鸿铭），“中西合璧”者有之（梁启超）。中国学者自身处于劣势地位情况下的积极思考，启迪和激励了其他东方文化学者，共同为弥合中西间地位的不平等做出了不懈努力。但是，我们必须看到，不管哪种观点主张，往往都是针对实际存在的问题做出的具体回答，这样的答案往往具有先入为主的或扬或抑观念，这既根源于中西方原来的差异，也会无形中为放大中西文化上的差异张目。

（《中学历史教学参考》2012年8月）

高三历史教学如何凸显人文素养

20世纪80年代以来，重视人文素质教育，已成为全球教育改革的重点。何谓人文精神？人文精神是指依靠社会学科的基础知识，结合生活实际，通过内心反省、感悟而形成的道德、情感、态度、价值观，自由、自觉、批判及超越精神，对人生意义与价值的判断和思考。那么，高三历史教学如何凸显人文精神的教育呢？

一、转变观念，改革教法，立足于“育人”

高三历史教学最易跌入死记硬背、书山题海的怪圈之中：教师往往强调对知识的记忆、理解、归纳、综合，而忽视历史事件、历史人物、历史现象所蕴含的人文主义因素，忽视这些因素对学生健康成长，创造美好未来的重大作用。表现在具体的教法中就是以“灌输式”为主，把学生当作知识容器，缺乏活力、创新、合作交流，且严重脱离实际。这样培养出来的学生将很难适应时代发展的需要。故作为高三教师，不仅要向学生传授学科知识，还要对学生进行人生观、价值观、社会责任感、爱国主义教育，培养学生学史明智、以史为鉴的现代意识和人与自然、社会协调发展的观念；加强研究性学习，改革教法，以培养学生的创新精神、实践能力和个性养成为基本目标，引导学生自主发现问题，探究问题，获得知识和结论，不断激发学生学习的积极性、主动性和创造性。

二、挖掘历史知识当中丰富的人文因素，加强有关专题的学习

1. 适应时代发展的要求，突出社会经济史的复习

近几年的历史高考中，经济史内容逐年上升，2001年高考经济史题目有60分之多，约占文综历史分值的40%；2002年高考经济史题目有60分左右，约占文综历史分值的54.5%。改革开放后经济建设逐渐成为全党工作重心，人们迫切地需要从中外经济发展的历史中借鉴经验，吸取教训。因此，在高三历史复习教学中，我们应转变重政治史、轻经济史的倾向，适当突出社会经济史的复习，注意透过现象和过程，探索经济现象背后隐藏的经济发展规律，总结中外进行经济改革的经验教训，使知识掌握、思想教育和能力培养有机结合。

2. 注重与自然科学的交叉、渗透

重视科技史的教学，使学生不仅掌握科技知识与科技发展的过程，还要分析其发展规律，正确认识科技发展与人类社会的关系，努力培养学生的科学素质，提高学生对科学结论和知识过程的分析、理解、认识、评价能力，以适应现代社会对人才质量的要求。

3. 挖掘教材中的爱国主义因素，增强学生的爱国心、责任感，激发他们奋发向上、振兴中华的豪情壮志

中国史中爱国主义内容随处可见，教师可适时、适机进行这方面的教育。例如，中古史当中用孟子“老吾老，以及人之老；幼吾幼，以及人之幼”培养学生尊老爱幼、先人后己的高尚情操；用屈原投江、马援马革裹尸、霍去病“匈奴未灭，何以家为”、岳飞精忠报国、文天祥“人生自古谁无死，留取丹心照汗青”、戚继光抗倭、郑成功收复失地、林则徐禁烟、左宗棠抬棺随军、孙中山屡败屡战，以及周恩来、毛泽东等伟人的故事，对学生进行国情教育和爱国主义教育，树立“国家兴亡，匹夫有责”的观念。

4. 注意社会热点的复习，使学生关注国家和世界的命运

近几年高考不避热点，如2002年文综的28题关于西部大开发的战略，36题“9·11”事件，37题关于“世博会申办”“浦东开发”等，这要求我们历史教师要注重社会热点的复习，一则符合高考命题趋势，二则使学生更有兴趣从

历史与现实的联系中探索问题，获得新知，真正使学生由被动学习变为主动学习。同时，亦可充分发挥“以史为鉴”的功能，使学生立足于历史，有效地诠释现实问题。

三、率先垂范，言传身教，发挥教师的影响力

高三学生正处在世界观、人生观、价值观形成的重要阶段，而作为与他们接触最多的教师，对他们的价值观、世界观、人生观的形成，影响最为直接和重大。因此，教师上课时除注意挖掘教材中的人文主义因素，传授知识给学生外，还要对学生进行“身教”，时时注意自己的一言一行，做到“春风化雨”“润物无声”，使学生形成健康、正确的价值观、世界观和人生观。

（《郴州师专报》第38期　2003年4月28日）

下　篇

思考感悟篇

回头　俯身　仰望

王善平、黄月初、李尤清、饶玲、彭健、陈牛则……一张张亲切的笑脸，一句句真挚的话语，一篇篇真知灼见的文章，一个个忙碌的身影，他们用行动诠释了如何做真正的老师、如何做真正的校长！一股暖流、一份感动油然而生：麓山苍苍，湘水泱泱，老师之恩，山高水长！

我们不是圣人，无“为天地立心，为生民请命，为往圣继绝学，为万世开太平”之志；不是神人，很难达到“世事洞明，人情练达”的境界；但我们又拒绝平庸，不想过那种得过且过，行尸走肉的生活！我们是一群“身系学校，心忧教育”的追梦人！所以，我们学习，我们实践，我们思考，我们创新。这是一条追梦之路，也是一条永不停息之路！

作为在路上的一员，得到导师的指导、同伴的帮助，如拨云见日、醍醐灌顶，豁然开朗，偶得一二，姑妄议之。

一、常回头看看

校长很忙，但别忘了常回头看看。常常为了目标，我们匆匆向前赶路而忘了回头，以致心灵得不到片刻休息，甚至心生迷茫，忘了初心，忘了来路。所以，我们有必要回头看看：曾为学生，曾为老师，曾为人子……将心比心，以心换心，心存善念，善待他们，因为他们就是当初的你！

二、多俯身尝尝

校长很高，全校仰望，但绝不可高高在上，因为这样会使你事业无根，施展无场！作为校长，要俯身入群，多深入教师，多亲近学生，多深入课堂，这样学校事业才会蒸蒸日上。

三、经常仰望

多与名士、大家交流，多与智者、仁者交友，多了解先进教育理念和思想，我们前进时才会有动力，心中才会有方向！

读万卷书不如行万里路，行万里路不如阅人无数，阅人无数不如珍惜现在我们39期培训班的友好相处！

泰山与封禅

封禅是古代帝王祭祀天地的重要活动，源于古代人民对自然的崇拜。上古时期，由于生产力水平低下，人们对于风雨雷电、日月山川充满不解和敬畏，由此产生了对它们的崇拜。传说尧舜禹都进行过封禅，到了后来，历代帝王为了歌功颂德和神化皇权，把封禅当作一项非常重大的活动。春秋战国时期，齐鲁儒生认为五岳之中泰山最高，又在东方，帝王封禅应在泰山，所以后世帝王多选在泰山封禅（也有在嵩山封禅的）。在泰山之顶祭天曰“封”，在泰山山脚、山丘祭地曰“禅”。

秦始皇是泰山封禅的第一位皇帝，以后又有大约十二位皇帝来泰山封禅，著名的有汉武帝、唐高宗、武则天、唐玄宗、康熙帝、乾隆帝等。而来泰山封禅最多的是汉武帝，前后有八次。

“青山依旧在，几度夕阳红”；“多少风流人物，总被风吹雨打去”。如今的泰山，人流如织，平凡如你我，亦可登临其上，指点江山，激扬文字，幸甚至哉！

在学生婚礼上的讲话

公元2017年11月25日，是个大喜的日子，我的学生王姑娘结婚，他的父亲非要我讲几句，我想来想去，讲祝福之类的话，太俗，吟诗作对，也不会，咋办？看到新郎是个老外，又是英国人，有了！这正对了我这历史老师的胃口！主持人是我学生的大学同学，前面主持得简约而程序清楚，最后请出了我，舞台属于我了。

“尊敬的中国朋友，上午好！还有那边的外国朋友，Hell0，你们好！

“我是一个历史老师，以前每每讲到1840年鸦片战争，我对英国便会那个（笑声），大家都懂得（笑声）。那时我有一个伟大的梦想：就是什么时候我们中国的女人和男人去征服英国的男人和女人（笑声），而今天我的学生已帮我实现了这个梦想。（笑声）

一路走来，王同学的历程可以用“征服”两个字来说明：读书时，她用她的文静聪明和感恩知礼征服了老师，用团结友爱征服了同学，最后又用优秀的成绩征服了高考，考上了名校；上大学后先征服了国内，后又征服了国际，考上了英国名校。最重要的是征服了英国的男人，为中华民族争了光，我骄傲！（笑声）。

历史总是充满戏剧性，一百多年前中英两国是对手，是敌人，而现在是朋友，是亲家（笑声）。我衷心祝愿中英两国人民从此世代友好，互相支持；更祝愿小两口以后的生活甜甜蜜蜜，事业蒸蒸日上，一切都顺顺利利！”（掌声）

忐忑

焦躁的七月，忐忑的八月。假期已经过去大半，心却仍在飘浮，为你、为我、为它。左右失序，进退失据，长恨此生非我有，何时忘却营营？很喜欢“风前横笛斜吹雨，醉里簪花倒著冠”的感觉，超脱忘世，很想很想……

曾入五盖山里，曾游桂东仙境，亲情、友情、师生情，情满意足。情意之外，至深至悦却是山里的风。清晨起来，呼吸一口清凉的空气，望望远处黛绿的山峦，抬头望望澄澈的天空，蓝蓝的天，淡淡的云，感觉每个毛孔都舒畅极了。犹如抖落一身尘土，一头扎入清凉的山塘，怎一个爽字了得！都市的烦俗之气亦被洗涤得一干二净！

然已非圣人，难逃凡夫俗子之囚。清爽片刻，又被锁链牵着，走在充满躁动气息的大街上，似雾非雾，似花非花，似人非人，似仙非仙，既不能了却眼前事，又预不得以后名，只是麻木地徘徊街头……

秋是第二个春

今日阅读，看的是法国一作家写的《秋是第二个春》，觉得蛮有意思，摘录部分：

秋是第二个春，此时，每一片叶子都是一朵鲜花。

不要等待最后的判决，因为最后的判决每天都在做出。

不要走在我前面，因为我可能不会跟随；不要走在我后面，因为我可能不会引路；请走在我的身边，做我的朋友。

所有伟大的行为和所有伟大的思想，都有一个荒谬的开始。

……

我们听说过的责任只有一个，那就是爱。

致已逝去的青青

青春虽已逝去，但我们可以回忆。

回忆童年，回忆那濯足小溪、击水山潭的日子；回忆那打禾场上嬉笑追打、尽情开心的日子；回忆那讨厌、可爱、斤斤计较、“寸土必争”的同桌女孩子……

回忆少年，回忆那漂亮、和蔼、亲切的女教师，回忆偷食黄瓜如逢甘霖的日子，回忆那山里的青果、水中的鲤鱼……

回忆青年，回忆那女生宿舍外独自徘徊的日子，回忆那山顶上沐雨迎风的日子，回忆毕业时节相拥而泣的日子，回忆与弟子同甘共苦、同悲共喜的日子……

青青虽已逝去，但我们可以想象老年，想象天空明净的月亮，想象山中火红的枫叶，想象公园相互搀扶的你我，想象海天之间灿烂的夕阳……

老　师

相见，谈笑，泪垂。一个谈笑自若，仿佛泰山崩于前不变色；一个默默于心，寂寂然于色。同年同月毕业，一地又一地同事，互相支持，相濡以沫。一种默契，一种情感，兄弟情深。情至深处自无语。壮硕的汉子，看似冷峻的面孔，竟当着下属的面凄然泪下……哦，两位都是我挚爱的恩师，我原本欲装欢笑，但仍无语凝噎，忙走出门外，让泪水静静地流下，情感悄悄地隐藏。拭泪，收拾心情，笑着进去，微笑着说道：哎，我的老师！

小儿易养

（一）

儿在长大。个头日高，喉结稍突，声音益粗，须毛微露，脸上的痘痘也如春笋破土……妻对儿唠叨：“你这鬼仔，脸上怎么长这么多痘痘？”我抢白：“人家年轻，你老人家想长都难哪。”妻白眼，儿偷笑。

（二）

儿好动，有运动禀赋。好篮球、羽毛球、足球、乒乓球，水平都属业余中上。只可惜父母先天不足，如秧田好种子好，那定是优秀运动员一名！学校班级篮球赛，儿被评为MVP，我颇为意外。回家我揶揄他“可以的”，他面无表情，内心定为得意！电视首选NBA，最崇拜科比，竟叫同学画了科比的肖像，挂在客厅装饰墙上，顶礼膜拜！

（三）

儿年纪增大，个性渐长。妻好唠叨，每次训诫，总不耐烦，拉长声音“嗯，要得啰”。我在场时，还有分寸，不在场时，常常把妻气得够呛。有晚我正开会，妻打电话，语气急促：“你快回来！”我问啥事，妻答：“你仔要翻天了。”我哭笑不得。哎，成长的烦恼，儿烦我们烦，儿恼我们恼！

（四）

儿虽惧我，其实情商蛮高。小学、初中、高中老师都曾挂念，逢年过节，必发短信，原创，从不抄袭。

人缘颇好，热心公益，集体荣誉感极强。学校歌咏比赛，他居然走到评委席对我说：“老爸，我们下一个上！”嗬，明目张胆拉关系，叫我情何以堪！

（五）

儿读书，虽不顶尖，尚属其上。只是忽冷忽热，教人难耐。记得物理一科，上次顶尖，下次几乎垫底，直令人眼珠落地。

（六）

儿已长大，有己想法。前些天与我通电话，声带哭音：“我有几个问题想问你。”我一惊：与妻矛盾还是不满我教育方式？电话问妻，妻大委屈，似为买鞋，儿要名牌，妻不从。当晚回来儿已睡觉。第二天我问他有什么要求，回答使我颇感意外：“你对我有什么要求？”内心窃喜：原来如此，虚惊一场！正襟危坐，正言正色：“三点要求：品德高尚会感恩，身体健康习惯好，学习进步步步高。”儿默然，我心安！

怒放的生命

人究竟该怎样活着，或许直到我们眼睛一闭不睁那一天还在探寻。

记得高中时看《风流才女石评梅传》，看高君宇与石评梅的爱情故事，至纯、至情、至真、至深，被深深震撼，许多年过去，我还记得那些话语：生如夏花般灿烂，逝如流星般闪耀……这是种高尚的怒放。

大学时，每晚到各系看录像赶场子，印象最深的莫如《安娜·卡列尼娜》，当列车呼啸着朝穿着黑衣站在铁轨上的安娜驶来的时候，生命似乎不是死亡，而是永恒。这是沉重的怒放。

参加工作之初，唯学生为一切，同喜、同悲、同乐、同忧。记得有一次惩罚学生绕操场跑圈，我带头在雨中猛跑……有一次遭学生顶撞，勾起我酸甜苦辣，竟无语凝噎，只能快速转身走到教室外走廊，为的是不让他们看见自己快要掉下的泪珠……审视这些年，也算是朴实稚嫩的绽放。

这些年，只感到时间的车轮飞转，熙熙攘攘，人来人往，人们似乎都很忙很累很紧张；物质似乎很多很新很昌旺；睁眼琳琅满目，闭目金银轮转，但总觉是物质的喧嚣和铜臭的欢畅。虽似怒放，其实是落寞、惆怅、孤单。寻一片心灵的净土，任生命怒放，很难很难很难……

汪峰《怒放的生命》唱出了我们心中一种奢侈的向往！一种对生命的狂放的声嘶力竭的呐喊！

十二生肖之虎

（一）

踞于大山，啸于山林。动则生风，颇有横扫六合之气；静则不怒自威，尽显王者之势。它是大山之根，丛林之魂！

（二）

虎是凶悍的，追羊逐鹿，直教百兽闻风丧胆；虎是有情的，护伴呵子，日行夜巡，全是温情之意；虎亦是孤独的，隐于山林，行于旷野。

（三）

“虎落平阳被犬欺”，所以虎注定要努力打拼，它高傲的头颅是绝不会向一只犬低下的，即便体衰力弱，它也会奋勇向前，不遗余力！

（四）

“山中无老虎，猴子称霸王”。真如此，那一定是老虎已厌倦了高高在上的滋味，猴子才来客串一把；抑或虎大王想休养生息一番，猴子才被赶鸭子上架，替人作嫁衣裳。猴子那多动的性格，才不愿久居王位呢，要不，那屁股不更红了吗？

过年那些事

（一）乔迁（进火）

与母亲买了套房，年前要搬进去。我与大姐早早在张罗，说张罗，其实主要是大姐、大姐夫，请人装修、买家具、置电器……所有的体力活、操心事，差不多他们全包了，而我多数时候充当的是“决策者”。大凡什么事，大姐都会问我一下可不可以，我只要表态就可以了。事后大姐还说“感谢你们对我的信任”，嘀，真是羞死我们了！

母亲今年早早从长沙回来，回来之后就去请人看哪天进火最好，最后选定腊月二十九，也就是除夕这一天。真是遂心遂意，既可安安心心把郴州小家打理好，且那时老弟一家也已回来，团团圆圆，可谓天时地利人和了。

腊月二十八，与老婆孩子到大姐那里聚集，白天又将新房瞧了瞧，各种设施一应俱全，万事俱备，只等时辰！

按老家规矩，进火须把火种从老屋搬到新屋，而老屋已如历史般在几十里之外的大山中，但形式是要的。于是白天大姐准备了一些木柴、木炭备用。

腊月二十九凌晨五点多，我按时醒来，穿戴好，叫醒大侄子，老弟早说不起来，说用手机把火苗拍下来就可，哎，这老弟就这样，什么事都不拘细节。我现在是男性老大，像他这样潇洒是不可能的了。与侄子把火盆移至门外走廊，把木炭木柴架在火盆里，我点燃了木柴，火势慢慢红起来、旺起来，侄儿把鞭炮点燃，又快又亮的鞭炮响起。我端起火盆从走廊走进新房，母亲早已在屋里等着，见我们进来就说：“祝你们人旺、财旺、家旺，发财高升！”我也回应：“托您吉言，我们家都旺，也祝您老人家身体健康，添福添寿！”

（二）侄女

老弟的女儿是个人精，大家都这么说。她每年都随老弟回郴州过年，来了之后，那叫自由奔放，任意驰骋。她的聪明，她的灵放，她的能言善辩，她的无赖，有时令人又爱又恨。

为了红包的事，她常与老弟“斗争”。老弟与她有个约定：上了一百元要上交。有一天老弟接了一个包，随手就给了她，后来老弟知道远不止一百，于是便向侄女索要，侄女百般狡赖，就是不肯上交，惹得老弟大怒，一顿暴揍，鼻子都出血了，最后不得不缴械投降！然而她“贼心”不死，暗度陈仓，后来我们给她红包，她居然要求只封八九十，不要一百元以上！小算盘打得噼啪响！大哥的小儿子个性很强，一般人奈何不得，侄女却能令他安静地接受辅导，并且能很快听懂接受，真令我们这些老师汗颜！这个小人精！

（三）过年

小时候，过年是件十分幸福的事。物资极度贫乏的时代，过年意味着是“打牙祭”的大好时机。俗语说“小孩盼过年，大人盼莳田”，说得再贴切不过了。一到年三十，平时难以吃到的鱼肉糖饼都出现了，而且从正月初一开始，走亲访友，每家都是祝福，都有好吃的，都会给一挂或几挂鞭炮，甚至还会有小红包……平时严厉的父亲变得和蔼起来，也不需去砍柴割草。哎，那日子真叫滋润！所以，我们那时的最高理想就是天天过大年！同村一位同志对我们的理想进行了高度概括：吃就好好的，做就懒懒的。真是精辟！

到了现在，物资丰富起来，从物质上来说，可以说是天天过大年了。随着年岁增长，作为人父人母的我们，过年更多的是盼一种团圆、和睦和安康。拜年是一种祈愿，一种责任，一份担待。故叔伯兄弟、舅姨亲朋，都需仔细安排，唯恐礼数不周。从初一到初十，才算大体搞定。连续喝酒、熬夜，嘀，也真是辛苦了肠，辛苦了胃，辛苦了身体不能好好睡！

（四）酒席

中国人的春节，酒是待客首选。

有了酒，家里立马就会热闹起来。客人一进屋，吃瓜果糖饼，是铺垫，也是“热身”，喝酒才是主题。满桌的菜，满桌的客人，一番客套之后，便进入“热战”。敬酒，猜拳，吃至酒酣耳热之时，“好戏登台”，人间百态毕现：酒量大的，镇定自若，穷追不舍；酒量小的胆子小的，走为上计，借故离席，不知所终；酒量小胆子大的最“可悲”，其结局大致有几种：一种“现场直播”，或醉倒在桌底下，或喷涌而出一吐为快；一种烂醉如泥，进了客房；还有一种则变成济公和尚“笑我疯，笑我癫”，又唱又笑又哭，手舞足蹈，各种表情一应而足，甚至不小心掉进冬水田里。水虽冷，但他们的血是火热的！啧啧！

酒席场中最累的恐怕是母亲了：温酒，热菜，招呼客人，有时连续一天都不得歇息，但她从未有过不耐烦的脸色，还唯恐客人没吃好喝好，真是伟大的女性！

幸 福

记得在一次大会上我发表感言："我现在拥有房子、车子、妻子、儿子和稳定的工作，我是幸福的。所以我要努力工作，健康生活。"这不是作秀，而是真心话。

作为农家子弟，小时候厌倦了打柴割草，那时最大的奢望就是什么时候能摆脱繁重的体力劳动，以至于暑假大晴天的，伙伴们会时常举行"求雨"仪式，渴望一场大雨让我们"打道回府"，求了无数次，也没看见点雨星下来，只好盼望早点开学，开学自然不用干活了。十年寒窗终究圆了梦想，记得填志愿时，一路"师范"到底，只为师范保险，误打误撞居然上了湖南师大。父亲大喜，带着我跋山涉水，提着白糖猪肉送请帖，虽有劳顿之苦，但我感觉是幸福的。

高中时每次往返于家校，几十里山路也蛮辛苦。记得有年寒假，走路走到一半又冷又饿，简直快要虚脱，幸亏途中有一养路工棚，进去喝了水，路上采集些荆棘果子，好不容易撑到当时哥哥就读的中学，吃了点红薯饭，睡了一下午，才缓过神来。那时不敢盼望有车，每次在路上看到货车、拖拉机，我们就发疯地去追、去爬。那时人矮小，往往赶不上，即使赶上了，多半也爬不上，只能眼睁睁看着车子渐渐远去。若干年后，自己有了车想去哪里就去哪里，小时候想都不敢想的事，现在成了现实。倒是现在有点突发奇想，将来是否可以拥有私人飞机？！幸福！

工作后，凭本性努力工作，与人为善，以爱对学生，以善对同事，以诚对朋友，自己认为这是自然，而回报是巨大的，学生敬爱，同事认可，朋友真诚，我感觉是幸福的。

从政不是自己感兴趣的，有时真是为了那些期盼的眼神，家人、同事、朋友……也就上了这船，但绝非舵手，只是乘客。现如今领导支持，同事真诚关心，我是淡定而又知足。

小时家有九口人，兄弟姊妹七个，温饱尚需父母哥姐努力打拼，日子过得紧巴巴的。如今，弟兄姊妹安居乐业，母亲安康，叔伯家都如意，家庭是幸福的，我亦感到幸福。

看战争片中的灰飞烟灭，看新闻中的飞来横祸，看生活中的生老病死，自己还在，爱我的人和我爱的人都健康，真是幸福。

如果中央电视台下次采访我："你幸福吗？"

我定会回答："我姓黄，我幸福！"

圣诞的雪

圣诞对于中国人来说，是舶来品。说媚外，显然有悖时宜；说内化，又感觉远未融入寻常百姓家。我只当它是全球化的产物，年轻人的宠物，商家的尤物。

在我的印象中，大约收到几个感性学生的贺卡，几个知性朋友的短信问候祝福，偶尔凑凑热闹的圣诞聚餐，除此之外便是那随处可见的圣诞老人和圣诞树了。问我到底喜欢它的什么，真道不出一个所以然来。真要说出个答案，我会说我喜欢圣诞的雪，那圣诞老人帽子上的雪、雪白胡子上的雪、圣诞树上的雪，更有圣诞老人、圣诞树周围覆盖的厚厚的雪，这是意象的雪。

连日来的阴雨和冷风使人手足无措，痛苦又没有滋味，还不如来一场雪，冷得痛快，冷得热烈，冷得有滋有味!

我期盼圣诞的雪。

我喜欢她的多情，来则铺天盖地，无高无低，无贫无富，无贵无贱，一色袭之，驱走阴霾，换来亮堂明洁。

我喜欢她的大气，容纳春的骚动，夏的燥热，秋的萧瑟。

我喜欢她的灵动，万物山川，银装素裹，随意赋形，分外妖娆。

我喜欢她的洁白，白而有心，白而有形，白而有情。

我喜欢她的果断、她的严厉，摧枯拉朽，孕育生机。

哦，我喜欢上了这圣诞的雪，我爱上了这圣诞的雪，我期盼圣诞的雪!

清　高

清高，不是个神圣的词语。

鹤立鸡群，傲视一切的，这是虚妄的清高。犹如只仰头行走而不看路的行者，到时坠入深崖还不知为何。危险！

自命不凡，而又腹内空空的，这是浅薄的清高。犹如迈入沼泽的疯者，陷入绝境还满心欢喜。可悲！

愤世嫉俗，不齿于同流合污，明哲自保，这是凡人的清高。虽清高了自己，却仍存于浊世，最终留下无尽的呻吟，可叹！

富贵时平淡行事，贫贱中傲骨示人；得势时谦卑待人，失势时自持自立；热闹时微笑融合，落寞时自省自娱；友尊时疏之，友贱时密之。不立于高台，不聚于灯下，居于众间，行于众生……

这是真的清高。

父亲

萦绕许久的情怀，曾无数次地想写一篇关于父亲的文章，可每每触及笔端，却是那般沉重，沉重得眼看不清，手抬不起。时至今日，父亲已逝去二十三年，祭父文，思父文，爱父文……仍未成，敬爱的父亲！

父亲是忙碌而严厉的，这是父亲在世时留给我们的最主要印象，从隐约懂事起，我们兄弟姊妹个个对父亲十分敬畏，父亲的话是绝对的权威，不敢不遵从。家境贫寒，人口多（九口），内政外交全凭父亲打理。春夏秋冬，下雨降雪，父亲都是忙碌的：做农活，烧砖做瓦，石刻及维修……父亲的忙碌是全家的依靠，虽是非常岁月，逢年过节兄弟姊妹却还能有新衣可穿，那时节，我们是幸福和自豪的。父亲的严厉在村里是出了名的，在学习上对我们要求尤严。记得小学时，父亲要求我和弟弟每天抄一篇课文作为练字，弟弟是调皮的，有时偷懒，被父亲查出，结果小手心被竹板打得红肿；还有一次大哥的作文被我检查出"农业学大寨"的"寨"字写错了，当时我自以为是地告诉了父亲，没想到父亲勃然大怒，说"农业学大寨"的"寨"字墙壁上到处都是还写错，还读什么书，大约大哥顶了一句嘴，父亲拿起火钳就打过去，还好大哥反应迅捷，快速地逃离，才免于一劫。我后怕不已，以后再不敢告状。对父亲的严，当时我们都是不敢怒不敢言，甚至心里会有些许怨恨，而这种怨恨在自己成年后已沉淀成心底不能抹去的爱了。哦，我严厉的父亲！

父亲是好强而倔强的。家里成分不好，曾祖父曾是保长，"文革"时，家里常因此受到迫害打击，甚至三叔差点被造反派活埋，祖父懦弱少语，祖母能干但毕竟是女性，在相对封闭的山村，她的抗争是那般的苍白无力，家里的担子自然落到了身为长子的父亲身上。在宗族观念很强的山村里，父亲与两位叔叔左冲右突，成就了三兄弟好强而倔强的个性，三人性格虽各有千秋，但强而倔却流淌在他们的血液里了，在特殊的年代、特殊的环境里，他们的个性是那么鲜明，爱憎是那么分明，身影是那么挺拔！后来我们每到逆境迷惘处，想起他们就会释然，上辈的某些基因已进入我的躯体，哦，你从来不曾离开我们，我的父亲！

父亲是极富远见的，也是非常上进的。从我们小时，他就向我们说明读书的重要性，他的名言就是“只要你们不留级，我就是讨乞也要供你们读书”。他在世时，家里基本维持四人读书，从高中到小学都有，负担之重是可想而知的，可父亲从未报怨过。记得读初中时的一傍晚，有人跑来告诉我，说我父亲不知什么原因痛得在地上打滚，我赶紧跑下去，却见父亲已站了起来，脸色苍白，看见我来了，他笑着说“没事了”。我的心激灵了一下，那一瞬间已成永恒记忆，无法忘却。大姐读书极为厉害的，小时候，记得家里墙壁全是她的奖状，高中读了两年就不愿再读，或许看到家里负担过重，或许不愿担复读之名，父亲因而沉默但并未放弃，后来我考上大学，父亲带我爬山蹚水发请柬，自豪高兴之情溢于言表。从此对我的政策也极为宽松，甚至逢年过节时，父子对饮还要猜上几拳，懒惰的我在寒暑假亦能免除许多体力活了。哦，我上进的父亲！

一切的一切在1990年戛然而止，从此留下儿女无尽的思念。在父亲逝去的十多年里，内心酸楚时时泛起，经常模糊双眼，年年清明坟前祭拜，不禁泣不成声。直到近年，儿已长大，才渐自抑情感，不想脆弱于儿前，慢慢将泪噎回去了。可对父亲的怀念丝毫未减，甚至有时梦里醒来，宛如生前，哎，我的父亲！

“树欲静而风不止，子欲养而亲不待。”一切的一切似乎都已过去，一切的一切似乎又在眼前，岂是片言只语所能言尽的。只是淤堵已久，挖孔泄流，寄托我无尽的情思罢了。

忘却的难

日子平平地过，时间淡淡地去。

原本以为投入工作后，让时间慢慢地带走一些记忆，不料有些感觉却愈来愈强，犹如那沾满灰尘的车窗经大雨一冲洗，愈发清晰了。

或许中青班的经历有些青涩，有些平淡，只记得打过一场篮球赛，其他几乎是一片空白。而这次科干班的学习，却不可同日而语。工厂调研，乡下驻足，珠海考察，KTV放歌，苏仙远足……喊声、笑声、歌声、刀枪碰击声……交织成一片，萦绕耳边。

智慧、果断而又真诚的万，娴静、随和、细致的徐，幽默搞怪的彭，永远嬉笑的才，嚷嚷的文，端端的娥，厚厚的墙，好好的钟，小小的剑……哦，还有失约的朱……一幕幕，时而浮现……

一切的一切，想忘却又时时从脑海泛起，多少事，欲忘还休。

原以为自己还算淡定，可以淡淡地去，亦可以淡淡地回，做完自己的事，尔后完整地撤回，而今看来似已不可能，因为多了一份等候，一份牵挂，一份思念……也不想刻意去压抑，生于自然，长于自然，顺其自然吧。

别杜康

生于高山，起于卑微，不胜寒凉。乃化谷为糟，聚糟入镬，逼之以火，冲之以汽。不待多时，以珠滴出，以线继之，如泉如涌。火不断，水不尽，不知歇。出则香气弥屋，醇、香、厚、幻；尝则百感交集，辣、冲、甘、想。可以添气神，可以驱寒凉，可以壮怂胆，可以赴火汤。

懵懂少年，耳濡目染。睹父早耕，一碗通喉，精神百倍，不畏高寒；春节迎宾，不知日月，不舍昼夜，礼尽承欢。或和风细语窃窃私语，或慷慨激昂声笑彻屋，或翻江倒海翻云覆雨……人生百态尽显。窃以为豪，为雄，为仙！

父母以怀，不羁不縻。求学有暇，偶有赏赐；访亲走戚，多有添加。及至成年，不能自拔。交挚友，爱同人，孝亲长，尊酋首；及喜，及悲，及生，及死，无不企及。入口，入喉，入肠胃，入血脉。反复流入，反复冲击。泥沙俱下，通道淤积，危及河道，殃及岸堤！殆不筑修，徒留四壁！

亲人劝慰，挚朋长谈；老母担忧，小儿心焚。千思量，万念想，该断则断！断此贪恋，断此念想！枯木逢春，青草再长！别了，杜康！

2018年10月5日晨于家

慌

昨日阅得一文，大约讲男女二人，几十年你侬我侬，郎情妾意，奈何风雨人生，竟如镜花水月……不禁唏嘘良久……

天上的云
不知什么时候会化成雨，踏实地落在地上
风卷的落叶
不知何时寻到它的根，安静地依偎躺放
离手的气球
不知何时粉身碎骨地辉煌
随波的帆棹
不知何时漂流到坚实的彼岸

……

欢笑、泪水、酒酣……
向往、焦虑、不安……
却仍听得李易安说
“剪不断，理还乱”
……

火

晴天的太阳
夜空的星星
雨中的闪电
喷涌的岩浆
……
虽壮观美丽，
却不可亵玩。
除非自己也变成了它们的模样，
才能相互追逐、嬉玩
……

欠

太多太多
心里明晰却又手足无措
或许理由万千重
总归内心蒸煮
曾经承诺
为何空落
莫辩　莫说　莫“哦”
自反　自省　莫拖

人

人真是奇怪的动物。

忙时想闲的安逸，闲时却又思忙的欢畅

动时想静的慵懒，静时却又思动的灵放

低时想高的风光，高时却又思低的景象

有时想无的飘逸，无时却又思有的灿烂

……

等　待

等待是一种特别的美
恰似在海边翘首期待旭日喷薄而出的那一刹那
又像在寒冬中等待春天
犹如产房外等待第一声婴儿啼哭的丈夫
又如发榜前的学子
亦如约会中等待的情人

所以我等待

念

装作毫不在乎，装作若无其事
装作谈笑风生，装作漠不关心
近在眼前，装作远在天边

……

脑海不断晃动它的影子
心里不断涌现它的轨迹
眼里不断浮现它的存在
梦里它依稀驻立身旁

退

大海中的波浪，退了又汹涌而至
高山中的雾霭，散了再缠绕而来
冬天里的野草，枯了复青春而归